蒙台梭利

儿童感官、语言和智力训练

叶红　著

天津出版传媒集团
天津科学技术出版社

图书在版编目（CIP）数据

蒙台梭利儿童感官、语言和智力训练 / 叶红著 . -- 天津：天津科学技术出版社，2023.9

ISBN 978-7-5742-1550-4

Ⅰ . ①蒙… Ⅱ . ①叶… Ⅲ . ①儿童教育 – 家庭教育 – 研究 Ⅳ . ① G781

中国版本图书馆 CIP 数据核字（2023）161017 号

蒙台梭利儿童感官、语言和智力训练

MENGTAISUOLI ERTONG GANGUAN YUYAN HE ZHILI XUNLIAN

策划编辑：杨　譞

责任编辑：马　悦

责任印制：兰　毅

出　　版：天津出版传媒集团 / 天津科学技术出版社

地　　址：天津市西康路 35 号

邮　　编：300051

电　　话：（022）23332490

网　　址：www.tjkjcbs.com.cn

发　　行：新华书店经销

印　　刷：德富泰（唐山）印务有限公司

开本 880 × 1 230　1/32　印张 6.5　字数 150 000

2023 年 9 月第 1 版第 1 次印刷

定价：46.00 元

前言

PREFACE

育儿是一项系统工程，不仅需要把孩子带大，更要注重养育的质量，对孩子在感官、语言和智力等多方面能力进行有针对性的训练。然而对于初为父母者来说，面临的一切都是新课题。随着孩子不断成长，父母对孩子的喂养渐渐得心应手，但随之而来的智力开发、教育、学习问题更令父母们煞费脑筋。为了做一个称职的家长，培养出健康、聪明的孩子，年轻的爸爸妈妈们需要吸收更多的实用育儿经验，学习更多的科学育儿方法，同时在自己的育儿实践中不断地摸索和思考。

面对育儿过程中出现的一切问题，家长们都迫切希望自己能轻松有效地解决，于是积极地参加各类育儿培训班，阅读各种图书，上各大育儿网站交流，学习育儿知识和经验，恨不得成为一个早教全能型专家。为了给现代家长提供一个科学、实用、有效且值得信赖的育儿读本，我们精心编写了这部《蒙台梭利儿童感官、语言和智力训练》，从家长的实际需要出发，介绍了蒙台梭利先进的育儿理念、实用的育儿知识和科学的育儿方法，解答现代父母的困惑。

在著名教育专家蒙台梭利女士的育儿理论与实践体系中，感官、语言和智力训练一直是重要组成部分。因为，从小培养孩子的感官能力、语言能力，提升孩子的智力，将会为他一生的发展筑好根基。但是如何对孩子进行感官、语言和智力训练呢？这成了许多家长面对的艰巨难题。其实，只要遵循蒙台梭利教育的理论，巧妙设计训练方法，对孩子进行感官、语言及智力教育便不再是难事。

本书在吸取蒙台梭利教育理论精髓的基础上，对蒙台梭利感官、语言教育和智力教育的方法进行了详细阐述。既有对蒙台梭利教育理念的解读，还有对蒙台梭利育儿方法和技巧的介绍和应用，更设计了简单有趣、实用可行的小游戏，作为训练婴幼儿感官、语言、智能的练习指导。目的是让孩子在快乐的练习中提高感官能力、语言能力和智力。在此过程中，家长也会和孩子一起享受亲情的温馨。本书倡导现代、先进的育儿方法，鼓励爸爸妈妈都积极地参与育儿这一项系统的“工程”中来，有着极高的实用价值。

目录

CONTENTS

第一章 1~2个月的婴儿

第二章

2～3个月的婴儿

第三章

3～4个月的婴儿

第四章
4 ~ 5 个月的婴儿

第五章
5～6个月的婴儿

第六章 6～7个月的婴儿

第七章
7～8个月的婴儿

第八章

8 ~ 9 个月的婴儿

第九章

9 ~ 10 个月的婴儿发育

第十章

10 ~ 11 个月的婴儿发育

第十一章

11～12个月的婴儿

第十二章 1岁～1岁半的幼儿

第十三章 1岁半～2岁的幼儿

第十四章
2 岁～3 岁的幼儿

第十五章
3岁～4岁的幼儿

第十六章

4岁~5岁的幼儿

第一章
1~2 个月的婴儿

能力发展与蒙台梭利训练

视觉

这个月的宝宝，视觉已相当敏锐，能够很容易地追随移动的物体，两眼的肌肉已能协调运动，能够追随亮光。妈妈会发现，宝宝总是喜欢把头转向有亮光的窗户或灯光，喜欢看鲜艳的窗帘。这时宝宝的最佳注视距离是 15 ~ 25 厘米，太远或太近，虽然也可以看到，但不能看清楚。

宝宝对看到东西的记忆能力进一步增强，当看到妈妈爸爸的脸时，会表现出欣喜的表情，眼睛放亮，显得非常兴奋。妈妈爸爸也会送给宝宝爱的眼神，这种对视就是母爱、父爱的体现，宝宝会很幸福，对宝宝身心发育是非常有利的。妈妈爸爸不要以为宝宝小，什么都还不懂，这是错误的观点。

同时，随着天数和月龄的增长，当有物体靠近宝宝的视线时，他就会眨眼。这就是宝宝能看到一些物体的证明，这种眨眼叫作“眨眼反射”。一般宝宝在 1.5 ~ 2 个月都会有这种眨眼反射。

有些斜视的宝宝，等满 2 个月时一般都能自行矫正过来，而且双眼能够一起转动，这表明宝宝的大脑和神经系统发育正常。在这一段时间里，即使有的宝宝斜视尚未矫正过来，但也不一定是大脑发育或生理上有问题。比较明显的斜视在 1 岁前后进行治疗，轻度的斜视在 3 岁前后再进行治疗也不算迟。

听觉

这个月的宝宝听觉能力进一步增强，对音乐产生了兴趣。宝宝对妈妈和经常接触他的人的声音和陌生人的声音有完全不同的反应，说明宝宝的听觉已经非常灵敏了。如果妈妈给宝宝放噪声很大的声音，宝宝会烦躁，皱眉头，甚至哭闹；如果播放舒缓悦耳的音乐，宝宝会变得安静，会静静地听，还会把头转向放音的方向。妈妈要充分开发宝宝这种能力，训练听觉。但宝宝毕竟小，对不同分贝的声音辨别能力差，不要播放很复杂，变化较大的音乐。

妈妈在宝宝面前的语言动作，都会通过眼神、情绪及说话时的口气传给宝宝，从而影响宝宝的情绪。当妈妈高兴时，语调就亲切，表情也温和，宝宝就会受到感染，也变得非常高兴，表现为两眼有神、精神饱满、吸吮有力、手脚乱动；当妈妈情绪低落、动作鲁莽时，宝宝便会哭吵不止、烦躁慌张、不肯吃奶或睡觉不踏实。因此，这时的宝宝具备从声音中感受心情的能力。

嗅觉

到了第 2 个月时，宝宝已经可以依靠嗅觉能力来辨别妈妈的奶味，寻找妈妈的乳头。能区别母乳香味，对刺激性气味表示厌恶，会有目的地逃避。在大多数环境，宝宝都有机会练习嗅觉，如母乳味、母亲的香水味、家里的做饭味等。除非宝宝显得对异味特别过敏，否则这些都是锻炼宝宝嗅觉和认识环境的好机会。

味觉

本月宝宝最喜欢有甜味的水，而对于咸的、酸的或苦的水会做出不愉快的表情，表现出明确的厌恶。

语言

一个多月的宝宝还不能用语言来表达，但已经有表达的意愿。这阶段宝宝哭声明显地减少了，言语发育的特点是：会笑出声。当宝宝身体舒服的时候，如家长向宝宝说话或点头，宝宝会笑，还会发出三个以上的元音，如："呃""啊""哦""呜"，这种声音通常被称为"咿呀"声，有时还会自由地发出两个音节的音，如："ba""la""ma"等。虽然不是语言，但却是宝宝与爸爸妈妈相互交流的一种形式，也是一种发音练习；当妈妈爸爸和宝宝说话时，宝宝的小嘴会做说话动作，嘴唇微微向上翘，向前伸，成O形，这就是想模仿妈妈爸爸说话的意愿，妈妈爸爸要想象着宝宝在和你

说话，你就像听懂了宝宝的话，和宝宝对话，这就是语言潜能的开发和训练。爸爸妈妈要尽量定时给宝宝说话、逗宝宝自由发声和笑，促进宝宝言语能力的提高。

认知

到这个月时，宝宝还没有形成一定的记忆力、思维能力、想象力、意志力等。但已经开始观察周围的人并聆听他们的谈话，对于时常与自己亲密接触的爸爸妈妈已经有了记忆，能够把爸爸妈妈和其他陌生人区别开来。可以很专注地凝视着爸爸妈妈，高兴的时候还会莞尔一笑。逗玩时，宝宝已经开始有微笑、发声或手脚乱动等反应。此外，宝宝还喜欢看彩色的图画，开始表示自己的兴趣。当看到喜欢的图画时会笑，看个不停，挥动双手想去摸；看到不熟悉的图画时，会因为新奇而长久注视，爸爸妈妈要记录宝宝所表现出的喜好，作为日后进一步培养的参考。

抬头训练

坚持每天竖抱抬头、俯卧抬头练习。宝宝经过不断的训练，到这个月末宝宝俯卧时，不但可以抬起头观看眼前吸引他的玩具，而且下巴也能短时间离开床，双肩也可以抬起来，颈部张力也增强了。宝宝的视野终于可以转换角度了。

抓握训练

本月妈妈仍要坚持经常抚摩宝宝的双手，促进宝宝的抓握反射。还可以拿一个易于抓握的玩具放到宝宝的手心，宝宝会马上抓住玩具，这时妈妈可以用手握住宝宝的小手，帮助他坚持握紧的动作，也可以让宝宝练习抓住大人的手指。另外，还可以准备一些易于抓握的玩具，让宝宝的小手抓握毛线、橡皮、皮革、棉布、塑料等不同质地的玩具，以促进感知觉的发育。

家庭环境的支持

玩具

这一阶段的宝宝开始发现声音和颜色。这是属于拨浪鼓年龄，爸爸妈妈可以准备一些带有很大的手柄的大拨浪鼓或带几个各种颜色小球的拨浪鼓，来和宝宝游戏、互动、交流。也可以在摇篮上挂一些小动物，注意选择橡胶材质的玩具，以便于清洗（很快你的宝宝就会把它们放到嘴里）。还可以用八音盒、哗铃棒等玩具，帮助宝宝感知声音，这些玩具都是这一阶段宝宝的最爱。

蒙台梭利潜能开发游戏

看图

【目的】测定宝宝的注视能力，是否有特长的专注能力。

【环境创设】爸爸妈妈的照片，条纹、波纹、棋盘等图片。

【玩法】如果宝宝对妈妈的照片专注较短，不妨取出爸爸的脸看他能否看得久些，家长可对每幅图做记录。一般而论，宝宝最喜欢看妈妈的脸，喜欢看黑白对比强烈的和较复杂的图，喜欢条纹、波纹、棋盘等图形。家长还可创造更新的设计以丰富宝宝的注视范围。

面对面逗引

【目的】加强亲子交流。

【玩法】宝宝清醒时妈妈怀抱宝宝，妈妈要和宝宝脸对脸相距 30 厘米逗引他注视，用脸部表情，动眼动嘴，轻声细语，哼儿歌、叫名字加强视听觉刺激，开始语言训练。

宝宝学握物

【目的】发展手的握力和上肢肌肉的力量，促进宝宝与大人间的互动。

【环境创设】哗铃棒，笔杆，筷子。

【玩法】大人用两个手指从宝宝的第五指伸入手心，宝宝会握住大人的手指，这时你可试着将宝宝提起。有些宝宝可提高到半坐位，最棒的能完全握着大人的手指整个身体离开小床。随后大人可以用哗铃棒、笔杆、筷子之类让宝宝试握，测定手的抓握时间。握得紧时间久表示上肢肌肉发达有力。

知识链接：蒙爸蒙妈育儿指南

初生婴儿洗澡图示

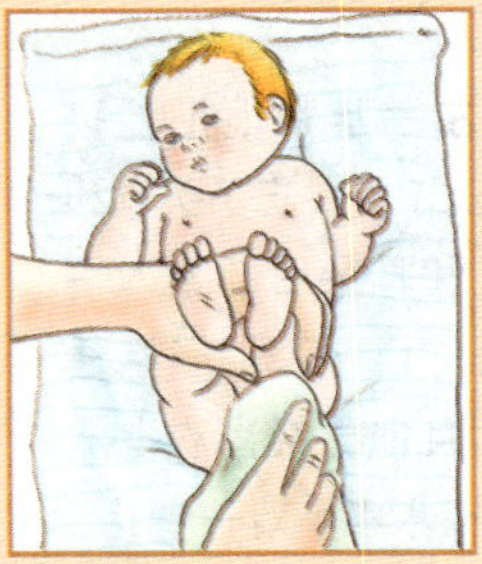

1. 解下宝宝的尿布，然后清洗宝宝的臀部。先用尿布的边角，然后用浸湿的棉布（从前向后擦）：给宝宝洗澡前要好好地清洗他的臀部，以免弄脏洗澡水。

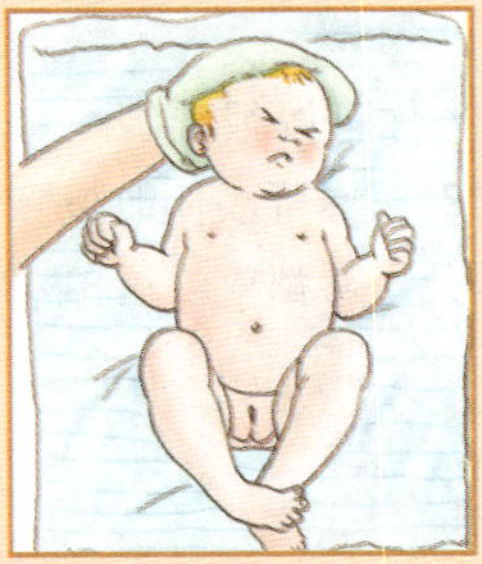

2. 现在给宝宝涂沐浴液，先涂身体，然后是头发。建议你开始时用浴用手套（柔软、防滑）。当你熟练后，可以直接用手给宝宝涂沐浴液。不要怕给宝宝的头涂沐浴液，囟门没有那么脆弱，它能够承受正常压力。

3. 将宝宝放入水中之前，请先洗净你沾满沐浴液的双手，用胳膊肘（皮肤的敏感处）测试水温。这样的测试并非是没有用的，它可以避免将孩子放入过热或过冷的水中。

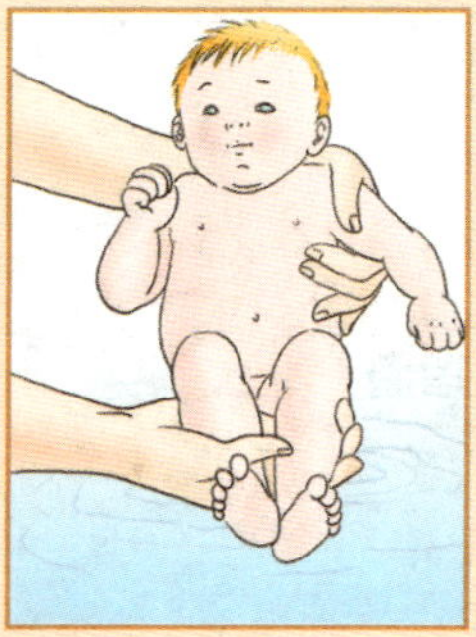

4. 将左手放在宝宝的脖子后，右手放在他的脚踝处，抱起宝宝，然后把他轻轻地放入水中。如果这时候宝宝有些紧张（通常每次更换位置时，婴儿都会出现紧张的情绪），可以和他讲话，你轻柔的声音和动作将很快使他平静下来。

5. 现在，用左手紧紧地抱住孩子，用右手为他清洗，不要忘了头发和耳朵后部。将头发和耳朵后部放入手中片刻。当你觉得你已经习惯了抱住在水中的宝宝，而且他已经喜欢上洗澡时，你可以让他在水中嬉戏一会儿。

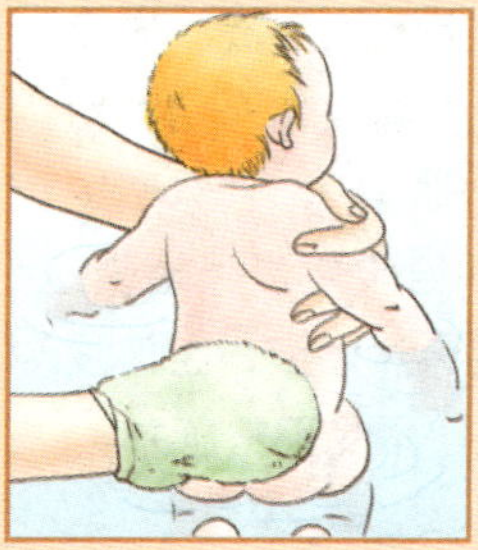

6. 几天后，当你可以很熟练地抱住在水中的宝宝时，你可以让他腹部贴在水中——婴儿通常都喜欢这种姿势。

7. 用刚介绍过的方法（见图 4）将宝宝从水中抱出来，并把他放在浴巾上。从头发开始，仔细将宝宝擦干，注意仔细擦干有褶皱的皮肤，尤其是胳膊下、腹股沟、大腿、膝盖等处的皮肤。

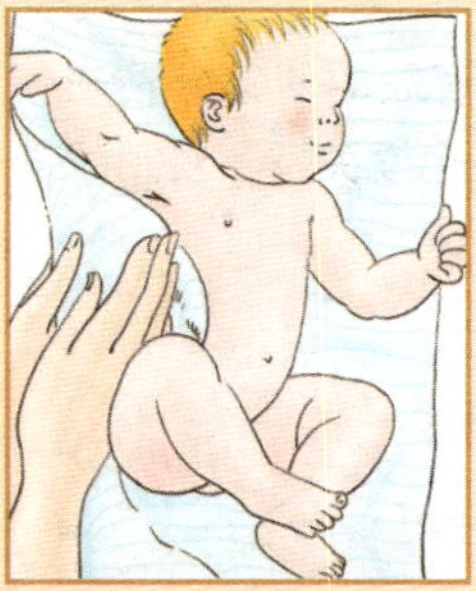

8. 可以通过无摩擦地轻拍宝宝的皮肤来使他的皮肤变干。然后他会为自己变干净了而感到很高兴，可以让他赤着身子胡乱动动。这也是给宝宝做做按摩或让他做“体操”的好时机。

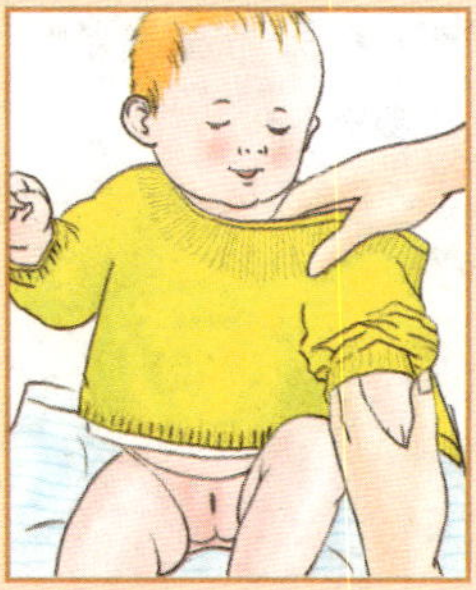

9. 宝宝准备穿衣服了；先给他穿上棉制长袖衫，然后是羊毛的。如果你用连体衣代替长袖衫，则要先固定好宝宝的尿布，然后再给他穿上连体衣。最后，让宝宝趴着为他系上长袖衫背后的带子。

穿纸尿裤图示

1. 宝宝躺着展开身子时，将尿布在他的两腿间穿过。这点很容易做到，不过没有经验的父母会很高兴看到这组图片的。

2. 将尿布上有胶的两部分粘在一起。稍微系紧些也没关系，否则尿布容易松开。

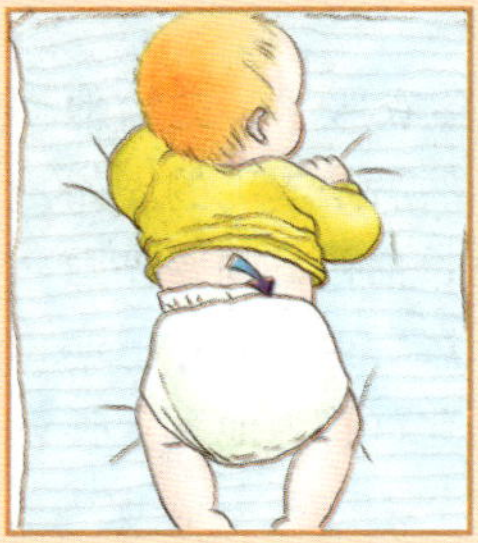

3. 让宝宝趴着，把尿布高出的部分掖进去以防止“渗出”。

面部清洁图示

宝宝穿好衣服后，你可以先用浸有温水的棉布清洁宝宝的面部。然后分别对宝宝的耳朵、鼻子和眼睛进行清洁，最后再梳一下，看看宝宝多么干净、漂亮！

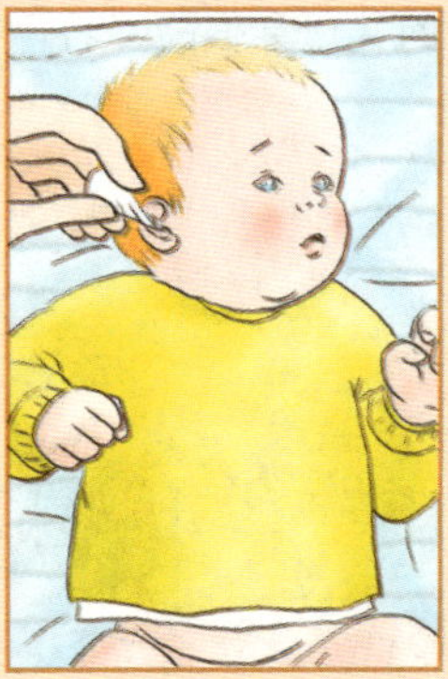

耳朵：用手指卷起一块棉布来清洁耳朵。请你清洁耳廓，也就是耳朵的外部而不是内部，内耳道很脆弱，应用“自动清洁器”来进行清洁，也就是说用小刷将耳垢拨到外面。而小棍等杆状物是没有用的，而且很危险。耳朵后面的皮肤如果出现了皲裂，可以涂上凡士林。

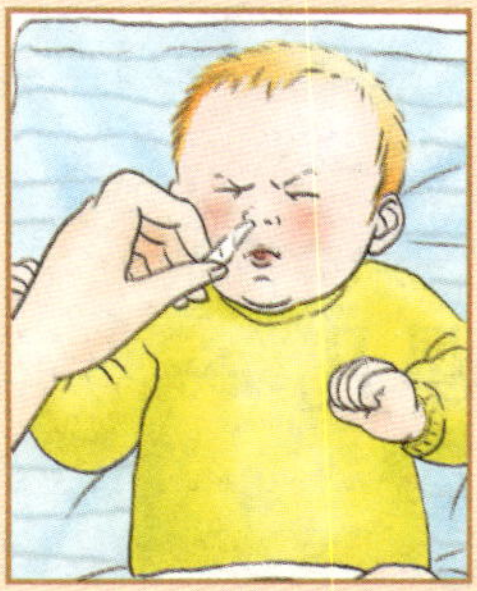

鼻子：鼻子里面有黏液和灰尘积累下来形成的排泄物。如果可以的话，你可以在宝宝的鼻孔里滴几滴生理盐水．同样应使用小刷将黏液和灰尘弄出。

眼睛：从内眼角到外眼角，用浸有生理盐水的棉布擦洗眼皮（建议每只眼睛用不同的棉布）。

第二章

2 ~ 3 个月的婴儿

能力发展与蒙台梭利训练

视觉

3 个月的宝宝视力已经发育完全，眼睛更加协调，两只眼睛可以同时运动并聚焦。能看 4 ~ 7 米远，注视、追视（眼睛追着一个物体看）、移视（眼睛由一个转向另一个物体）都已经较完善地发展起来。开始对颜色产生了分辨能力，对黄色最为敏感，其次是红色、橙色，表现为见到这三种颜色的玩具很快能产生反应，对其他颜色的反应要慢一些。

听觉

随着月龄的增长，宝宝的听觉能力也逐步提高。到 3 个月时，宝宝已经具有一定的辨别方向的能力，听到声音后，头能顺着响声转动 180°，并表现出极大的兴趣。能区分大人的讲话声，听到妈妈的声音会很高兴，同时会发出声音来表示应答。因此，在日常生活中，爸爸妈妈应多和孩子说话，适当让孩子听一些轻松愉快的音乐，有利于孩子的听觉发育。

嗅觉

宝宝的嗅觉与2个月时一样，能辨别不同气味，并表示自己的好恶。宝宝特别喜欢妈妈的气味。而遇到不喜欢的味道会退缩，回避。此时，爸爸妈妈千万不要吝惜宝宝认识新气味的机会：在初春的草地上，能闻出青草的味道；在秋天的树林里，能闻出树皮的味道；如果经过一家面包房，不妨进去，让宝宝闻闻新鲜出炉的面包的味道。

味觉

到了第3个月时，宝宝在味觉方面已经积累了相当丰富的经验了。如果拿酸的水果给宝宝吸吮，宝宝会皱起小眉头，嘴巴张大。对于一些更加讨厌的味道，甚至会用啼哭来抗议。

语言

宝宝出生后第一声啼哭，就是最早的发音，满月后的哭就是在和别人交流了，但都属于表达的消极状态。到了3个月，宝宝开始咿呀学语，发出一连串类似元音字母的声音，如a、e、i、o、u等，主要是韵母，声母很少，一般是h音，有时有m音，有时还会长声尖叫。宝宝在有人逗他时会非常高兴，会笑，并能发出“啊”“呀”的语音，咕咕哝哝地与人交谈，有声有色地说得挺热闹。如发起脾气来，哭声也会比平常大得多。这些特殊的语言是宝宝与大人情感交流的方式，也是宝宝意志的一种表达方式，爸爸妈妈应对这种表示及时做出相应的反应，多进行亲子交谈，比如跟宝宝说说笑笑或给宝宝唱歌。还可用玩具逗引，让宝宝主动发音，要轻柔地抚摸和鼓励宝宝。宝宝越高兴，发音就越多。给宝宝创造舒适的环境，宝宝就会不断练习发音，这是语言学习的开始。语言的发育不是孤立的，听、看、闻、摸、运动等能力都是相互联系互为因果的，要综合训练宝宝说话的能力。

社会交往

到第 3 个月末时，宝宝已经会用“微笑”谈话，见到熟悉的面孔，能自发地微笑，并发声较多。有时也会通过有目的微笑与人进行“交谈”，并且“咯咯咯”地笑以引起大人的注意。当有人靠近时，宝宝会躺着等待，静静观察大人的反应，直到大人开始微笑，宝宝才以喜悦的笑容作为回应。宝宝的整个身体都将参与这种对话，两只小手张开，一只或两只手臂上举，而且上下肢可以随大人说话的音调进行有节奏的运动。宝宝也模仿大人的面部运动，大人说话时宝宝会张开嘴巴，并睁开眼睛，如果大人伸出舌头，宝宝也会做同样的动作。照镜子时，宝宝会注意到镜子中自己的影像，还会对着镜中的自己微笑、说话。此时爸爸妈妈要多微笑着和宝宝说话，引逗宝宝发出“哦哦”“嗯嗯”声。也可模仿宝宝发出的声音，鼓励宝宝积极发音，对人微笑，这可促进宝宝喜悦情绪的产生，激励宝宝与人交往。

抓握训练

在训练宝宝抓握力以前，妈妈可以先做一个宝宝能否抓握的小测试：把自己的大拇指或食指放在宝宝手里，看他能不能主动

握住。如果宝宝能够握住，并且感觉有了点儿“手劲儿”的话，可以试着把手指从宝宝手里向外拉，看看宝宝还能不能抓握住。

抓球法是一个一举两得的训练方法，不仅可以训练宝宝手的抓握力，而且还可以训练宝宝眼睛的追视力。训练的时候，先让宝宝趴着，然后把一个色彩鲜艳的球，从宝宝的手可以抓到的地方慢慢滚过。一开始宝宝会专心地盯着球从自己手边的一侧滚到另一侧，但过不了多久，他就会伸手去抓那个球了。

还可以把一些色彩鲜艳的小小的软塑动物或其他小玩具悬挂在宝宝的小床上，注意不要悬挂得太高。先轻轻晃动玩具，引起宝宝的注意，然后抓着宝宝的手去抓那些玩具，再慢慢引逗他自己主动伸手去抓。如果宝宝没什么兴趣的话，妈妈可以把带着拴绳玩具塞到宝宝手里，然后趁着宝宝没有注意或没有抓牢的时候拉住绳子，把玩具从宝宝手里提起来，刺激宝宝去“抢”回他的玩具。

翻身训练

在宝宝学会侧卧后，还会从侧卧翻到俯卧或仰卧，这种翻身几乎是无意的，是由身体重心的偏移决定的。但到了这个月，宝宝开始有自己主动翻身的倾向，但由于不太会使用下肢的力量，所以往往只是能把头和上身翻过去，而下半身还是仰卧的姿势。爸爸妈妈在这时，可以利用一些玩具，给宝宝做做翻身训练。

做翻身训练时，先让宝宝仰卧，爸爸妈妈可以分别坐在宝宝两侧，用色彩鲜艳或有响声的玩具逗引宝宝，训练宝宝从仰卧翻至侧卧位。如果宝宝无法自己翻身的话，妈妈可以用一只手撑着宝宝的肩膀，慢慢将他的肩膀抬高，当宝宝的身体转到一半时，妈妈就把手放下，让宝宝恢复平躺的姿势。这样左右交替地多训练几次，宝宝就能进一步练习真正的翻身了。

俯卧抬头训练

过了 2 个月的宝宝能够抬起头和前胸，但存在一定的个体差异，有的宝宝在快满 3 个月时基本能把头抬得很稳并坚持几分钟，有的抬头时间则依然很短暂。这时，可以通过一些训练来锻炼宝宝头部的支撑力。

俯卧抬头练习不仅能锻炼颈肌、胸背部肌肉，还可以增大肺活量，促进血液循环，有利于呼吸道疾病的预防，并能扩大宝宝的视野范围，从不同角度观察新的事物，还有利于智力的发育。

训练宝宝的俯卧抬头，要先把宝宝放在稍有硬度的床上，让宝宝俯卧，然后拿着一些色彩鲜艳或有响声的玩具在宝宝面前逗引他，当宝宝看到色彩鲜艳的玩具并听到响声时，就会努力抬起头来。

俯卧抬头训练应在喂奶后一个小时或喂奶前训练，时间长度可以根据宝宝的能力灵活安排，开始时，只训练 10 ~ 30 分钟，逐渐延长时间，每天 1 次即可，不要让宝宝感到疲劳。以后可根据宝宝的实际情况，逐步增加训练时间和次数。

宝宝的运动发育是连续性的，在宝宝能够俯卧抬头 45° 后，宝宝颈部肌肉的力量也在增强，双臂的力量也在增强，慢慢就可以高高地将头抬起，逐渐达到与床面接近 90° 的程度。等宝宝的头部稳定并能自如地向两侧张望时，爸爸妈妈就可以手持色彩鲜艳的玩具，放在离宝宝眼睛 30 厘米远的地方，慢慢地移到右边，再慢慢地移到左边，训练宝宝转头，最终目的是让宝宝完成转头 180° 。这个方法不仅锻炼了宝宝俯卧抬头的持久力和颈部的支撑力，同时也锻炼了宝宝颈部转动的灵活性。

家庭环境的支持

室外活动

3 个月的宝宝视线范围由原来的 45° 扩大到 180° ，能看 4 ~ 7 米远处的物体，对颜色也有了初步的分辨能力，并能够跟踪追随物体的运动，而且对能发出声音的、色彩鲜艳的或活动着的东西特别感兴趣，并开始尝试触觉、听觉、视觉或味觉的相互配合运用。

由于神经系统的发育，宝宝双手的抓握在这个月也出现了随意性的变化，并会主动去抓自己想要的东西，而且凡是看到了令他好奇的东西都想抓过来看一看、摸一摸，甚至是放到嘴里咬一咬。这一切的发育成果，都为进一步培养宝宝的观察力奠定了基础。

因此，这个月的室外活动，不仅是让宝宝多接受新鲜的空气和温暖的阳光，还是宝宝感知力和观察力的重要途径。通过观看外面的世界，并在看的过程中用自己的各种感觉去感受世界，宝宝的智力和心理都能获得良好的发育。

玩具

宝宝到了第 3 个月，已经能够抓住带把的玩具了，但对目标的把握还不准确。可以给宝宝准备一些各种质地、各种色彩、便于抓握的玩具，如摇铃、小皮球、金属小圆盒、不倒翁、小方块

积木、小勺、吹塑或橡皮动物、绒球或毛线球等，但宝宝可能会在晃动玩具时把玩具打到脸上，所以在选择玩具时要注意玩具的质地和硬度。

针对宝宝能够对周围环境发生兴趣的特点，可以准备一些颜色鲜艳、图案丰富、容易抓握、能发出不同响声的玩具，如拨浪鼓、哗铃棒、小闹钟、八音盒、可捏响的塑料玩具、软布球、小木块、手镯、脚环、未使用过的颜色鲜艳的小袜子和小丝巾等给宝宝玩。或是买一些带拉线的玩具，最好是一拉线就会动或发出响声的玩具，让宝宝学会拉动拉线使玩具发出响声，刺激宝宝玩耍的兴趣。由于宝宝很容易把玩具放到嘴里，所以应注意玩具的干净卫生，最好能定期消消毒。

此外，还可以选一些手感温柔、造型朴实、体积较大的毛绒玩具，放在宝宝手边或床上，让宝宝认识不同质地的小玩具，并且能给宝宝一些安全感。但毛绒玩具买回来之后，一定要先消毒清洗干净、晾晒后才能给宝宝玩。

蒙台梭利潜能开发游戏

手拍吊球

【目的】发展宝宝手眼配合协调的能力，为以后的进一步发展做好准备。

【玩法】在宝宝小床上方距离宝宝不远处悬挂一个带有铃铛的塑料小球，逗引宝宝用他的小手去拍击小球。当小球前后摇摆不断发出声响时，宝宝出于好奇不断地去击打它。由于这个时候的宝宝还不会估计距离，手的动作也欠灵活，所以经常会有拍空的情况，拍空几次宝宝可能就会没了兴趣。这时，爸爸妈妈可以摇晃小球来吸引宝宝的注意力。注意：每次玩的时候要改变小球的悬吊位置，以免宝宝长时间的集中注视造成对眼。每次玩过以后，要记得把小球收起来，以防止总是长时间去盯视它。

与宝宝对话

【目的】促进宝宝语言能力的发展。

【玩法】这个月爸爸妈妈再逗宝宝笑的时候，发现宝宝已经会发出会心的笑声了，而且笑也变成了经常性的交流。另外，宝宝开始能发出“咿咿呀呀”的声音了，他总是发出一些双元音，或是把一个元音拉长，活泼的宝宝还喜欢喊叫。宝宝自小喜欢喊叫是语言发育良好的开始，针对这些特点，爸爸妈妈就要多和宝宝说说话，还可以用夸张的口形同宝宝说话，让宝宝也发出声音来，以此激起宝宝与人对话的兴趣。

认识爸爸

【目的】发展宝宝的感受力、分析力、辨别力和记忆力。

【玩法】宝宝对妈妈比较熟悉，从现在开始就应该让宝宝认识和感受爸爸了。爸爸要主动同宝宝玩耍，让宝宝感受到爸爸和妈妈的不同。多数宝宝都喜欢让爸爸抱，把自己举得高高的，尤其是男宝宝，往往更喜欢惊险刺激，更喜欢爸爸豪爽的笑，这会让他感到更有趣。

第三章

3 ~ 4 个月的婴儿

能力发展与蒙台梭利训练

视觉

4 个月的宝宝可以跟踪他面前半周视野内运动的任何物体。当宝宝仰卧时，如果将玩具从一侧拿给宝宝时，宝宝便会注意到，双臂活动起来，但手不一定会靠近玩具，或仅有微微抖动。这个月宝宝视觉发育最明显的一个特点是头眼协调能力好，视线特别灵活，能从一个物体转移到另外一个物体，也能随移动的物体从一侧到另一侧，移动 180° ，如果玩具从手中滑落掉在地上，宝宝会用眼睛去寻找。

听觉

到了第 4 个月时，如果在宝宝的一侧耳后大约 15 厘米的地方使用摇铃，宝宝能转过头向发声的方向去寻找声源。不仅如此，更神奇的是 4 个月的宝宝已经能辨别不同音色，分辨熟悉和不熟悉的声音，听到妈妈的声音特别高兴，眼睛会朝着发出声音的方向看。区分男声女声，先给宝宝播放一个女声的歌曲，等到宝宝“适应”歌曲后，马上换男声，宝宝会有不同的反应。宝宝对语言中表达的感情已很敏感，能出现不同反应，如对愤怒的声音感到害怕，对玩具发出的声音会很有兴趣等。

嗅觉

2个月末时，宝宝已经能够对两种不同的气味进行分化，但还不稳定。随着大脑的不断发育成熟和经验的不断积累，到了4个月时，宝宝嗅觉的分化才比较稳定。能对有气味的物质发出各种反应，表现为面部表情发生变化，不规则地深呼吸，脉搏加强，打喷嚏，转头躲开有他不喜欢气味的物质，四肢和全身出现不安宁动作等。

味觉

到了4个月时，宝宝只要手上拿着东西，不管是能吃的还是不能吃的，都会一股脑儿往嘴里送。爸爸妈妈可能很担心，宝宝会把细菌吃进肚子里，但是这是宝宝凭借舌头来认识世界的方式，大人不要阻拦，爸爸妈妈要做的就是把宝宝的玩具定期消毒，生活中时刻注意不要让宝宝拿到对身体有危害的东西。

这个月里，有些宝宝已经开始添加辅食了。为宝宝添加了辅食的爸爸妈妈们可以发现宝宝对食物的微小改变已很敏感，并会做出反应。喜欢的味道会多吃点儿，不喜欢的味道会很抗拒，甚至会呕吐。

语言

到了第4个月时，宝宝开始进一步学习发出新的音节，丰富

自己的“语言库”，有些宝宝已经会努力地发出像“m”和“b”这样的辅音。而且不停地重复。宝宝对自己的声音开始感兴趣，能够自言自语，咿咿呀呀，虽然听起来仍像胡乱发出的音调，但如果仔细听，会发现宝宝已经会升高和降低声音，好像在发言或询问一些问题。这个时期的宝宝在语言发育和感情交流上进步较快。高兴时，会大声笑，笑声清脆悦耳。当有人与他讲话时，宝宝会发出咯咯咕咕的声音，好像在跟人对话。爸爸妈妈说话的时候，宝宝可能会很专注地观察你的嘴，并且试着模仿声调的变化。宝宝情绪越好，发音就越多。爸爸妈妈要在宝宝情绪高涨时，和宝宝多交谈，给宝宝发送更多的语音，让宝宝有更多的机会练习发音。

认知

到了第 4 个月时，宝宝头部运动的自控能力更加强了，这样使得宝宝的注意力得到更大的发展，能够有目的地看某些物像，宝宝更喜欢看妈妈，也喜欢看玩具和食物，尤其喜欢奶瓶。对新鲜物像能够保持更长时间的注视。注视后进行辨别差异的能力也不断增强。如果将玩具放在宝宝能触及的地方，宝宝会伸手完全靠近并抓住玩具；如果将玩具放在稍远的位置，有时宝宝会有试图探取的迹象。如果爸爸妈妈拿着两个同样的玩具，一个放在宝宝的手中，另一个放在稍远的地方（在宝宝视线范围内），宝宝的目光会追视另一个玩具，如果将两个玩具都放在宝宝手中，再拿一个同样的玩具放在稍远的地方（也在宝宝视线范围内），宝宝就会注视第三个玩具；如果将两个玩具同时放在宝宝身边，宝宝看到后有时会设法接触和抓住两个玩具。

随着大脑的发育，这时期宝宝的记忆更加清晰了，开始认识爸爸妈妈和周围亲人的脸，能够识别爸爸妈妈的表情好坏，能够认识玩具。如果爸爸从宝宝的视线中消失，宝宝会用眼睛去找，这就说明宝宝已经有了短时的、对看到物像的记忆能力。爸爸妈妈要抓住这个阶段，对宝宝的视觉潜能进行开发。

社会交往

宝宝开始能区分出陌生人和熟人，不会对每个人都非常友好，最喜欢的是爸爸妈妈，也渐渐开始喜欢其他的小朋友，如果有哥哥姐姐与宝宝说话，宝宝会非常高兴。如果听到街上或电视中有儿童的声音，宝宝也会扭头寻找。相比之下，宝宝对陌生人只会好奇地看一眼或微笑一下。可以看出，宝宝已经开始分辨生活中的人了。在与人互动时，宝宝会用微笑、发声或肢体语言与人进行情感交流，当看到家人时会流露出期待之情，挥手或举手臂要大人抱；当被大人抱着时会用小手抓紧大人；如果在宝宝哭泣时爸爸妈妈对他说话，宝宝会停止哭泣。

当宝宝看到一个他渴望接触和触摸的东西而自己又无法办到时，他就会通过喊叫、哭闹等方式要求大人帮助他；当宝宝看到奶瓶、母亲的乳房时，会表现出愉快的情绪；当他吃到奶时，会用他的小手拍奶瓶或母亲的乳房。照镜子时，宝宝能分辨出镜中的妈妈与自己，对镜中的影像微笑、“说话”，可能还会好奇地敲打镜子。

抓握训练

到 4 个月时，多数宝宝能主动抓握物品。此时，妈妈可以将宝宝抱到桌前，在桌子上放几个玩具，玩具放在离宝宝稍远而又能让他抓得着的地方，引导宝宝主动去拿。妈妈将玩具挂起来，抱着宝宝去探取，如果宝宝不会主动伸手抓玩具，妈妈可以抓着宝宝的手触碰玩具，同时说：“宝宝真厉害，一下就抓住了。”或者为宝宝示范触摸、摆弄玩具，同时说：“哈哈，抓住了，再来一下，嘭嘭，多好玩呀！”引导宝宝主动去抓握。

视觉训练

3 ~ 4 个月时的宝宝视觉能力进一步增强，两眼的肌肉已经能够很好地协调运动，而且能够很容易地追随移动的物体，这时可以通过动态训练来发展宝宝的视觉。

在训练时，妈妈可以拿着玩具沿水平或上下方向慢慢移动，也可以前后转动，鼓励宝宝用视觉追踪移动的物体，还可以抱着宝宝观看鱼缸里游动的鱼、街上行走的人群和窗外的景物；或是准备一块白色的餐巾，放上一粒红色或黑色的糖豆，然后逗宝宝观看。如果宝宝伸手去摸、去抓，想通过各种方法试着把糖豆抓起来放进嘴里的话，妈妈就可以趁机观察宝宝的手部协调能力是否良好，看宝宝能不能用五个手指把糖豆扒到掌心。但要注意的是，千万不要让宝宝把糖豆塞到嘴里，以免卡着。

开关灯训练也是一个比较不错的训练方式。找一些颜色不同的小灯泡，逐个开关，让宝宝注意到灯泡在一闪一闪地，并能不断追踪每个不断亮起来的灯泡；或是在晚上将室内灯光调暗，然后拿手电筒照在墙壁上并上下移动，引导宝宝去看移动的亮光点。如果宝宝对这个光点非常关注的话，还可以再将手电筒上下左右缓慢地挪动，吸引宝宝去追看。

另外，爸爸妈妈在和宝宝说话的时候，要有意识地移动自己的头部，让宝宝的眼睛追着爸爸妈妈的脸庞，这也是使宝宝眼睛的灵活性得到锻炼的好方法。

翻身训练

4 个月的宝宝，已经可以多做一些翻身与拉坐练习了，这能锻炼他的活动能力。

当宝宝在仰卧时，妈妈拍手或用玩具逗引使他的脸转向侧面，并用手轻轻扶背，帮助宝宝向侧面转动；当宝宝翻身向侧边时，妈妈要用语言称赞他，再从侧边帮助他转向俯卧，让他俯卧玩一会儿，然后，将宝宝翻回侧边仰卧，休息片刻再玩。这个训练可以让宝宝全身得到运动。

当宝宝在仰卧位时，妈妈可握住他的手，将他缓慢拉起，注

意要让宝宝自己用力，妈妈仅用很小的力气，以后逐渐减力，或只握住妈妈的手指拉起来。通过这个训练，宝宝的头能伸直，躯干上部能挺直，还能使颈和背部肌肉得到锻炼。

家庭环境的支持

室外活动

经过 3 个多月的发育成长，宝宝的眼睛已经能够相当清楚地看东西，对外界的各种事物也开始关注并充满了好奇心，还可以支配自己的头部左右眺望。所以从第 3 个月起，就应适当增加到外面去的时间，一方面可以让宝宝有一个愉快的心情，另一方面也可以让宝宝通过空气的刺激锻炼皮肤，增强宝宝的抗病能力。

满 3 个月的宝宝每天的户外时间最好能在 1 ~ 2 小时，可以根据季节和天气情况适当调整。这个月的宝宝头部已经能够挺直，他开始想让大人竖着抱而不是横着抱了，所以家长也不妨把宝宝竖着抱起来，扩大他的视野范围。但是在竖抱着宝宝时，应注意宝宝脖子的挺立程度，如果宝宝的脖子能够挺立 20 ~ 30 分钟也不感到疲劳的话，就可以把每次的室外活动时间控制在 20 分钟，并注意保护好宝宝的颈部和头部。也可以让宝宝躺在手推车里，但还不能用坐式的手推车，也不要带着宝宝去商场、超市等人多的地方，以免感染疾病。

如果天气比较冷的话，也尽量选择温暖的午后给宝宝进行 20 ~ 30 分钟的室外空气浴。呼吸冷空气可锻炼宝宝的气管黏膜，从而增强抵抗力，但是要注意保护好宝宝的手脚和耳朵，回家后也可以给宝宝揉搓按摩一下小手小脚。夏天炎热的时候外出要选择背阴的地方，避免阳光直射到宝宝的皮肤，如果宝宝出汗了的话回家要用温热的毛巾将汗擦干后，及时换上干净的衣服，并加喂果汁和温开水，以补充宝宝因出汗而消耗的水分。

玩具

宝宝 3 ~ 4 个月时，动作发育有很大进展，不再被动地玩玩具。他的小手会紧紧抓东西，还会把抓的东西往嘴里放。因此，这一月龄的宝宝玩具首先必须是干净的。妈妈要经常给玩具清洗消毒，防止病从口入。其次，玩具必须是能让宝宝抓握的、有声响的，这点尤为重要。因为宝宝用自己的小手摇动使玩具发出声响，会吸引他的注意力，锻炼和促使宝宝有意识地发展。再次，吊挂在天花板下的、有声响的玩具可以锻炼宝宝的脖颈，发展他的抬头、转头动作。妈妈拉动玩具下方的布绳，使玩具发出声响，吸引俯卧的宝宝抬头，仰卧的宝宝就会向妈妈希望的方向转头（治疗斜颈的锻炼方法之一）。这样，宝宝在游戏中得到了锻炼。为宝宝选择玩具，有两点要避免：一是矩形玩具，它虽然便于宝宝抓握，但是宝宝拿着它容易碰伤柔嫩的面部；二是过小的玩具，避免宝宝吞进肚子或卡住喉咙，妈妈要慎重选择。

蒙台梭利潜能开发游戏

抱高高游戏

【目的】训练宝宝的平衡感。

【玩法】刚开始玩时，不能一下就把宝宝举得过高，只能先举到与大人视线交会的高度，并且注意不要忽上忽下、速度过快，要慢慢来。抱高高的游戏几乎是所有宝宝的最爱。

森林动物小聚会

【目的】这是一个可以锻炼宝宝模仿能力、记忆能力、创造能力、创新能力以及语言能力等综合能力的小游戏。

【玩法】爸爸或妈妈先把准备好的小动物玩具摆放在一边，把小马拿给宝宝看，然后模仿一下马的叫声，接着把玩具鸭子拿给宝宝看，学鸭子摇摇摆摆地走和“嘎嘎嘎”地叫……

第四章
4 ~ 5 个月的婴儿

能力发展与蒙台梭利训练

视觉

细心的爸爸妈妈会发现，到第 5 个月时，宝宝眨眼的次数明显增多，能看清楚几米远的物体了，并且还在继续扩展。宝宝的眼球能上下左右移动，注意一些小东西，如桌上的小玩具。当宝宝看见妈妈时，眼睛会紧跟着妈妈的身影移动。5 个月的宝宝已经完全能分辨红色、蓝色和黄色之间的差异。如果宝宝喜欢红色或黄色，不要感到吃惊，这些颜色似乎是这个月龄宝宝最喜欢的颜色。

听觉

到第 5 个月时，宝宝开始对各种新奇的声音感到好奇，并且会定位声源。如果从房间的另一边和他说话，宝宝就会把头转向传来声音的一边，并试图寻找同他对话的人。当宝宝啼哭的时候，如果放一段音乐，正哭着的宝宝会停止啼哭，扭头寻找发出音乐的地方，并集中注意力倾听。听到柔和动听的曲子时，宝宝会发出“咯咯”的笑声。听到鞭炮声或打雷声，宝宝就会感到害怕，甚至会大声啼哭。

嗅觉

到第5个月时，宝宝嗅觉分化的更加稳定了，对于气味的反应与成人类似，闻到花香会微笑，闻到腐臭味会出现厌恶表情。在其他感官能力尚未发展成熟之前，宝宝主要依靠嗅觉来认识世界。因此，应该为宝宝安排空气流通的生活空间，保持嗅觉的敏锐度。爸爸妈妈可以准备一些小罐子，放入有不同味道的物品，做成许多不同味道的嗅觉瓶，以训练宝宝的嗅觉辨识能力。

味觉

第5个月仍然是宝宝味觉发育和功能完善最迅速的时期。这个月的宝宝对食物味道的任何变化，都会表现出非常敏锐的反应并留下“记忆”。因此，宝宝能比较清楚地区别出食物酸、甜、苦、辣等各种不同的味道。此时，爸爸妈妈应该利用宝宝的味觉发育敏感期，让宝宝品尝各种食物的味道，不但能够促进宝宝感知觉发育，同时更是培养宝宝良好饮食习惯，避免日后出现挑食的重要措施。

语言

到了第5个月时，宝宝的语音越来越丰富，发音逐渐增多，除“哦”“啊”之外，已经开始将元音与较多的辅音（通常有f、S、sh、z、k、m等）合念了，而且声音大小、高低、快慢也有变化，还试图通过吹气、咿咿呀呀、尖叫、笑等方式来“说话”。宝宝已经可以清楚地表达自己的感情了。当看到熟悉的人或物时会主动发音，可通过发声表达高兴或不高兴，会抱怨地咆哮、快乐地笑、兴奋地尖叫或者大笑，对不同的声调做出不同的反应。这个月里爱哭的宝宝和老实的宝宝差别越来越大了。

认知

5个月的宝宝已经会用表情表达他的想法，能辨别亲人的声音，能认识妈妈的脸，总爱抬起胳膊，期望着爸爸妈妈去拥抱他，当愿望不能满足时，宝宝就会大声地叫。宝宝还能区别熟人和陌生人，对陌生人感到焦虑、害怕，不让生人抱，对生人躲避，也就是常说的“认生”了。这时的宝宝视野扩大了，对周围的一切都很感兴趣，会把看到的东西准确地抓到手。抓到手里以后，还会翻过来倒过去地仔细看，把东西从这只手换到另一只手。同时，宝宝观察周围环境的能力也进一步地提高了，宝宝可以明白一个重要的概念——因果关系。在踢床垫时，宝宝可能会感到宝宝床在摇晃，或者在宝宝打击或摇动铃铛时，会认识到可以发出声音。一旦宝宝知道自己弄出这些有趣的东西，宝宝将继续尝试其他东西，观察出现的结果。

5个月时，宝宝记忆力逐渐增强，对物体开始有一个完整的概念。从现在开始，爸爸妈妈要有计划地教宝宝认识他周围的日常事务了。宝宝最先学会的是在眼前变化的东西，如能发光的、音调高的或会动的东西，像灯、收录机、机动玩具等。

社交能力

这个阶段的宝宝特别招人喜爱，每天都长时间的展现愉悦的微笑，除非生病或不舒服。会在妈妈怀里“咿咿呀呀”地撒娇，已经能清晰地分辨出熟人和陌生人，成人与儿童。当听到爸爸妈妈或熟悉的人说话的声音时，就会非常高兴，不仅仅是微笑，有时还会大声笑。当看到陌生人时，表情会比较严肃，而不是像对待家人那样放松；会用伸手、发音等方式主动与其他小宝宝交往，会对陌生的宝宝微笑，还会伸手去触摸其他的宝宝。当爸爸妈妈给宝宝照镜子时，宝宝仍然会对镜中的影像微笑，但已能分辨出自己与镜中影像的不同。他会明确地注意镜中自己的脸或手，轻拍镜中自己的影子，而不仅仅是无目的地抚摸镜子。当爸爸妈妈给宝宝洗脸时，如果他不愿意，他会将爸爸妈妈的手推开。

记忆力

宝宝从一出生就具有了形成记忆的能力，在那个阶段各种信息以一种自动的、无意识的形式进入宝宝的记忆中，而且只能存留很短的时间。到了4个月以后，宝宝的大脑皮质发育得更加成熟，这是他能够有意识地存储并回忆一些信息，最明显的表现就是，他只需看一眼，就知道某个东西是他所熟悉的，而某个东西是陌生的，并能对此迅速做出反应。

训练宝宝的记忆力有很多方法，例如，可以抱着宝宝坐在桌边的椅子上，把他喜欢的玩具放在桌子上，拿出其中一件，让他摸摸并跟他谈论这个玩具，然后让宝宝背向玩具。如果宝宝懂得转过头去并主动找出刚刚所拿的玩具的话，就把玩具给他玩一玩，并多多鼓励他。

如果宝宝趴在地上玩的话，可以先把一种玩具放在他面前，引起他的注意后再把玩具放到他身边别的地方，如手边、脚边或腿边，然后问问宝宝“玩具去哪了”，引导宝宝扭动着身子去寻找玩具。如果宝宝一开始不知所措的话，爸爸妈妈可以先耐心引导，帮助他找到玩具，以此来增强宝宝的信心，过不了多久，他就会主动去寻找玩具了。

家庭环境的支持

室外活动

这个月带宝宝到户外活动的话，不再仅仅是为了晒太阳、呼吸新鲜空气、增强体质了，还要加上运动，培养宝宝的各种能力。例如，在带着宝宝看外面的花花草草时，就可以告诉宝宝，这是红花，这是绿叶，并拉着宝宝的小手让他感受一下，这样可以使宝宝将他看到的、摸到的、闻到的，经过大脑进行整合，进而实现对自然界中的事物的全方位深层次感受。

通过室外活动，还可以初步训练宝宝的社交能力，有效避免

宝宝出现“认生”。妈妈可以教给宝宝用微笑同人打招呼，当别人逗他时学会报以微笑，这些都有助于宝宝今后养成大方开朗的良好性格。

室外活动还应选在温度适宜的时间，如果是炎热的夏天，尽量选择上午 8 ~ 9 点钟，下午 4 ~ 5 点钟，在树荫下或屋檐下等背阴的地方活动，避免猛烈的阳光直接照射。冬天则应选择温度较高的中午。宝宝的活动能力增强了，所以在户外活动时更要注意安全。

玩具

过了 4 个月的宝宝，能够用双手紧紧抓东西并放到嘴里吮吸，能用脚踢着玩具玩。因此，这时给宝宝的玩具一定要非常干净，并经常做好清洁消毒，特别是大人碰过的玩具更要做好清洁，因为大人的手上有很多的细菌，而宝宝又总是把玩具放到嘴里，这就相当于宝宝把大人的手放到嘴里，从而使大量细菌通过口腔

进入宝宝身体，造成诸多健康隐患。

给宝宝的玩具要经过严格的筛选，可以让宝宝玩弄用软塑料做的装有红色和黄色的珠子圆环和三角环，这种环一摇动就发出声音，里面珠子的滚动声可以锻炼宝宝的听力和注意力。也可以给宝宝玩专供宝宝舔弄的哑铃状玩具，或是能够挂在宝宝床上，下面垂有一根绳子，一拉绳子就会发出声音的玩具。

特别要注意的是比较小的玩具，这种玩具很容易被宝宝吞进肚子里或卡住喉咙，很不安全；小零件太多的玩具也不适合宝宝，因为这些玩具上的零件一旦松动掉落的话同样有被宝宝误吞的危险。掉色、劣质和容易啃坏的零件也最好不要给宝宝玩。

这个月的宝宝手眼配合能力有限，手里拿着玩具就有可能碰着脸，因此摇铃类的玩具最好不要让宝宝自己拿着玩，可以由妈妈拿着晃动声响来逗宝宝发笑，或是训练他抬头。所有给宝宝拿在手里的玩具，材料质地都要软而轻，尽量选择那些打到脸上也不会弄伤宝宝的材质做成的玩具。

不能过早使用学步车

有些家长比较心急，而有的家长则为了图方便，在宝宝到了四五个月时，就把宝宝交给了学步车，省去了整天要抱着看护宝宝的麻烦。但实际上，过早地使用学步车，对宝宝的成长发育是很不利的，存在着一些健康和安全隐患。

宝宝在1岁以前，踝关节和髋关节都没有发育稳定。虽然在学步车里，宝宝只需要用脚往后一蹬，车就能带着他满屋子跑，但这对他的肢体发育是很不利的，可能会导致肌张力高、屈髋、下肢运动模式出现异常等问题，会直接影响宝宝将来的步态，如走路摇摆、踮脚、足外翻、足内翻等，严重的甚至还需要通过手术和康复治疗来纠正。再有，学步车只能帮助宝宝站立，而不能帮助他们学会走路。不仅如此，由于学步车的轻便灵活，宝宝能借助它轻易滑向家里的任何地方，这无疑会使他们在无意中遭到磕碰，导致意外伤害的发生。

研究发现，经常待在学步车里的宝宝会爬、会走路的时间都要晚于不用学步车的宝宝，而且学步车还限制了宝宝活动的自由，会影响今后的智力发育。四五个月大的宝宝的腿脚还不结实，本应在地上爬以锻炼腰、腿、胳膊及全身，但进了学步车之后就仿佛有了一双“脚”，可以比较自由地在房间里移动，并追随大人，然而他们却很难掌握真正走路的感觉。正常的发育规律下，宝宝从爬到走，是需要一步一个脚印成长起来的，只有通过一次又一次的摔跤，才能帮助身体学会怎样摔不会受伤；可如果使用了学步车的话，则很难让身体学会如何很好地保护自己，因而使用学步车的宝宝在刚刚走路以后，往往会比正常学走路的宝宝更容易摔跤，也就增加了受伤的概率。

所以，为了宝宝的健康成长，家长不应太早地给宝宝选择学步车，让他自然而然地学会站立、走路，对他才是最好的。

与宝宝“交谈”

语言是开发智力的工具。在宝宝语言的发生和发展中，家长的引导非常重要，不管宝宝能否听懂，家长都要及早建立与宝宝间的对话交流习惯。

这个月的宝宝高兴的时候能发出一些单音节的字了，并且他会注意模仿大人的说话口型，有时还会对着他的玩具发出些大人看来莫名其妙的声音，这些都是宝宝开始学习用语言交流的“准备工作”。所以，家长要做好引导工作，一有空闲时间就和宝宝说说话，说话的时候要面对着他，让他看到你的眼睛和口型，并在说的过程中重视双方的交流，即你对着宝宝说说话，然后静待着宝宝“回应”你；或是宝宝对着你“咿咿呀呀”地“说话”，你也立即对他做出回应。这种方式会提高宝宝对“交谈”的兴趣和积极性，并且在这个过程中，他通常也表现得非常开心和兴奋，这也有助于宝宝情绪和性格的良好发展。

再有，和宝宝聊天的时候，家长的表情也十分重要。表情是情绪的指南针，感觉敏锐的宝宝会通过你的表情，感受到你的情绪，同时被你的情绪所传染。如果你在心情不好、烦躁的时候对宝宝说话，那么宝宝很可能会表现得比较沉闷，甚至皱着眉头想要哭出来。如果你的心情愉悦的话，那么宝宝就会感受到同样的快乐；如果你在快乐的情绪下，先故意皱着眉、用轻松愉快的音调和宝宝说话，然后再对宝宝报以微笑的话，那么宝宝就能察觉到你在和他“做游戏”，并因此会表现得更活跃，有更大的精神去配合你的“游戏”，从而使这种亲子交流的效果大大提高。

给宝宝听些好声音

这个月龄的宝宝听觉十分敏感，优美的音乐、动听的旋律不仅能够发展宝宝的听力，而且还有助于提高宝宝的音乐感知力和鉴赏力，还可以为培养宝宝将来的音乐才能打下基础。

除了妈妈温柔细腻的说话声之外，平时不妨多给宝宝听些优美的轻音乐，尽量将最好的音质呈现给宝宝，同时注意播放的音量要适当；或是让宝宝听听节奏欢快的儿歌，家长可以拿着宝宝的双手，随着儿歌的节奏有韵律的活动，这有利于发展宝宝的节奏感；还可以多带宝宝到户外，听听大自然的声音，如鸟叫声、水流声等，但不要让宝宝接受马路上汽车轰鸣的噪声和杂乱无章的鸣笛声。

给宝宝喂奶时放一些优美抒情、节奏平缓的曲子，会使宝宝的进食过程更加愉悦和放松，可以有效提高他进食的乐趣。如果在宝宝玩兴正浓的时候，放一些轻快活泼、节奏跳跃的音乐，宝宝就会

很自然地把音乐中所表达的情绪和自己当时的心情联系在一起，而这种对音乐感受又会很自然地被记忆，日积月累的音乐印象，对提高宝宝对音乐感知力有很大的帮助。如果在临睡前给宝宝听些安静柔和、节奏舒缓的音乐，会令宝宝睡得更加香甜。

蒙台梭利潜能开发游戏

扔东西

【目的】这项活动可训练宝宝的注意力、模仿力和掌握空间方向的能力，也能让他累积对事物特征的经验，例如积木会重重落地，羽毛会在空中飘再缓缓落地等。

【玩法】准备一些重量、质感不同的玩具，例如积木、羽毛、纸片、耐摔的小玩具、小塑胶碗等，让宝宝把玩，在宝宝的床下或者他经常出入的地方放一个大篮子，逗引他把手中的玩具往篮子里扔。扔完后，妈妈将物品集中篮内，再一一取出并介绍物品的名称和用途。一开始宝宝可能扔得不准，妈妈要抓着他的手教他对准。

跳跃运动

【目的】促进宝宝腿部的肌力、肌耐力、弹跳力的发展。

【玩法】爸爸或妈妈坐在椅子上，双手抱着宝宝，将宝宝的双腿放在自己大腿上，然后将脚跟有节奏地抬起、放下，从而使宝宝感受到跳跃的感觉。另外，在活动的同时还可以念一些有节奏的儿歌，以提高宝宝的活动兴趣。

第五章
5 ～ 6 个月的婴儿

能力发展与蒙台梭利训练

视觉

从第 6 个月开始，宝宝就可以注视远距离的物体了，如天上的飞机、路上的汽车、阳台上的花等。两眼可以对准焦点，会调整自己的姿势，以便能够看清楚想要看的东西。当坐起来玩耍时，双手可以在眼睛的控制下摆弄物体，会盯住他拿到的东西，手眼开始协调。在宝宝眼前出示玩具，并上下左右缓慢移动，宝宝会有意识地主动追随。这个阶段宝宝的视觉功能已比较完

善了，开始能辨认不同的颜色，喜欢红、黄、橙等暖色，对绿和蓝等亮色也很感兴趣，特别是红色的物品和玩具最能引起宝宝的兴奋。温暖亮丽的颜色会让宝宝轻松愉悦，灰暗沉闷的颜色让宝宝烦躁不安，这些足以表明宝宝的视觉感官正在走向成熟。同时，宝宝的视觉条件反射也已经形成，如看见奶瓶会伸手要，嘴里会发出一些声音，意思是：我要喝奶！最喜欢的一件事情就是注视着镜子中的自己，乐此不疲。

听觉

到第6个月时，宝宝听力比之前更加灵敏了，已经能够集中注意力倾听音乐，并且对柔和的音乐声表现出愉悦的情绪，拍拍小手，蹬蹬小腿，而对于嘈杂或强烈的声音会表现出不快，甚至会哇哇大哭。当爸爸妈妈在另一个房间叫他，他会把头转向发出声音的方向，且能区分爸爸、妈妈的声音，听见妈妈的声音就会高兴起来，并且开始发出一些声音，似乎是对成人的回答，也好似表明自己的存在，有时甚至会发出频率很快的哼哼声，那是强烈的渴求妈妈温暖的怀抱。这时，宝宝已经知道自己的名字了。当大人叫他名字的时候，他会给你一个甜甜的笑做出应答，表示他会从一大堆他还听不懂的语言中听出自己的名字，并且表现出兴奋关注的神情。

嗅觉

6个月的宝宝已经能比较稳定地区分好的气味和不好的气味了，喜欢的气味会让宝宝愉悦起来。一旦闻到不喜欢的气味，宝宝会产生极大的厌恶感，皱眉头，甚至会啼哭。

味觉

到了第6个月时，宝宝已经能够比较明确而精细的区别酸、甜、苦、辣、咸等不同的味道，对食物的任何细微的变化都会非常敏感。比如，因为习惯母乳，极强烈地拒绝奶粉，对于味道香甜的米粉和水果泥表现出浓厚的兴趣。6个月是宝宝舌头上的味蕾发育和功能完善最迅速的时期，对食物味道的任何变化都会表现出非常敏感的反应并留下“记忆”，此时宝宝也比较容易接受新的食物，因此，这个阶段最适合给宝宝尝试添加不同的辅食。

语言

一般来说，6个月的宝宝，只要不是在睡觉，嘴里就一刻不停地发出“mama、baba、dada”等双唇音，但他并不明白话语的意思。宝宝已经开始尝试不同的声调和音量来引起注意，会根据声音和身体语言来表达情感，对自己玩弄出来的声音很感兴趣，同时对大人在和他接触时所发出的一些简单声音会有反应动作。宝宝还会制造出不同的声音，能模仿咳嗽声、咂舌声等，喜欢兴致勃勃地喷口水的声音。

认知

宝宝6个月大的时候，对周围的事物有了自己的观察力和理解力，似乎也会看大人们的脸色了。宝宝对外人亲切的微笑和话语也能报以微笑，看到严肃的表情时，就会不安地扎在妈妈的怀里不敢看。随着认知能力的发育，他很快会发现一些物品（例如铃铛和钥匙串）在摇动时会发出有趣的声音。当他将一些物品扔在桌上或丢到地板上时，可能启动一连串的听觉反应，包括喜悦的表情、呻吟或者导致物件重现或者重新消失的其他反应。他开始故意丢弃物品，让爸爸妈妈帮他拣起。这时可千万不要不耐烦，因为这是他学习因果关系并通过自己的能力影响环境的重要时期。

宝宝变得越来越好动，对这个世界充满了好奇心。这个阶段是宝宝自尊心形成的非常时期，所以爸爸妈妈要引起足够的关注，对宝宝适时给予鼓励，从而使宝宝建立起良好的自信心。当宝宝想做一些危险的事情或者干打扰家庭成员休息的事情时，爸爸妈妈必须加以约束，然而这时候处理这个问题最有效的方法是用玩具或其他活动使宝宝分心。当宝宝看见吸引他的东西出现在眼前时，不再两手同时伸出够取，而是伸出一只手去够。当宝宝拿到东西后，他会翻来覆去地看看、摸摸、摇摇，表现出积极的感知倾向。将能发声的小手鼓放到宝宝手里，宝宝会主动摇动手里的手鼓。让宝宝拿着一块积木，再将一块积木放在他身边，他会拿起第二块积木，并同时拿在手中几秒钟；如果宝宝手中已经拿了两块积木，再在他身边放一块积木，他会拿着两块积木，并试图去碰第三块积木。

社会交往

到了第 6 个月时，宝宝可以认出熟悉的人并朝他们微笑，但有些宝宝开始明显地认生，对陌生人表现出害怕的样子，不让陌生人抱，也害怕陌生的环境。如果宝宝不顺心，发起脾气也很厉害，会长时间地啼哭，拒绝吃东西，拒绝比较亲近的人的搂抱，而只让爸爸妈妈抱。很明显的，宝宝已有比较复杂的情绪了，高兴时会笑，不称心时会发脾气，爸爸妈妈离开时会害怕、恐惧。所以爸爸妈妈要特别注意不要在生人刚来时突然离开宝宝，也不能用恐怖的表情和语言吓唬宝宝，不能把自己的情绪发泄在宝宝身上，对宝宝冷落、不耐烦，甚至打骂。要让宝宝在快乐中成长，爸爸妈妈首先要保持一个良好的心态，因为爸爸妈妈的一言一行对宝宝的性格养成起着重要的作用。

手眼协调能力

训练宝宝手眼协调的能力有很多种方法，例如，把适宜宝宝抓握又能发声的玩具用松紧带悬吊在他能够着的地方，训练他用手去抓握；或是抱着宝宝坐在桌前，桌上放一些色彩鲜艳的糖块、水果等，引导宝宝去抓桌子上的东西，让他一手抓一个。

这个月的宝宝能够在俯卧的时候抬起胸部，所以可以在他俯卧着的时候先把玩具放在他伸手能够到的地方让他抓，然后再把玩具换个地方，让他转头或转身去找。当他找到时，就要鼓励他。宝宝在得到鼓励之后，就会更加积极地寻找玩具，准确度也会越来越高。这样在锻炼了宝宝头、颈、上肢的活动能力及动作的同时，也锻炼了其手眼协调的能力，还能有效促进触觉的发育和记忆能力。经过多次训练之后，大人还可以把不会发出声响的绒毛玩具扔到更远的地方，以此来锻炼宝宝的追寻能力。

此外，还可以利用拆装玩具的游戏来锻炼宝宝手眼协调的能力以及综合记忆能力。训练时，爸爸妈妈可以将一只能够拆装的玩具放在宝宝面前，先让宝宝玩一会儿，等到宝宝对玩具的整体熟悉之后，爸爸妈妈再当着宝宝的面把玩具拆散，再拆的过程中让宝宝看着，拆完之后再装回去，这样拆了装、装了拆反复进行多次，然后把玩具给宝宝，让他试着模仿爸爸妈妈刚才的动作。如果宝宝不太会动的话，爸爸妈妈可以拿着宝宝的小手来做。当然，对于这个月龄的宝宝来说，拆装玩具是有一定难度的，但是此时训练的目的只是一种示范，并不要求宝宝真的学会拆装。还有，在训练的过程中，爸爸妈妈一定要看好宝宝，防止宝宝将玩具的零件误吃到嘴里而发生危险。

匍爬训练

这个阶段大多宝宝已经能够熟练翻身，此时爸爸妈妈可以训练宝宝往前爬了。轻轻提起宝宝的双下肢使上肢充分负重，然后利用上肢往前匍行，最初只是原地打转或后退，以后爸爸或妈妈可以把一只手顶住宝宝的一个脚掌，当他用力往后蹬时身体会慢慢往前移动，然后再把手换到另一只脚帮助宝宝用力前进，使宝宝慢慢体会向前爬的动作。

家庭环境的支持

室外活动

这个月的室外活动时间和次数和上个月没有太大区别，不过由于宝宝的活动能力增强了，所以更要注意室外活动的安全。

如果用宝宝车带着宝宝出去的话，要检查好宝宝车的安全，不要在宝宝车的车把上挂重物，以防在重力的作用下使宝宝车向后仰，给宝宝造成危险。

当在户外给宝宝喂奶时，不要把奶瓶放在宝宝的旁边，以防大人不注意的时候宝宝碰到奶瓶烫伤。

再有，带着宝宝到户外的时候，不要让宝宝触碰别人养的小宠物，更不能让宠物舔宝宝的手脚，以防宠物咬伤宝宝，引起不必要的后患。

玩具

适合5个多月的宝宝的玩具有很多，如不同材质的绒毛玩偶、丝织品小玩具、铁皮制成的小汽车、积木、橡胶或塑料制成的球、色彩鲜艳的脸谱、卡通形象的画册、塑料包边的镜子、塑料图形玩具、各种材质的动物造型以及风铃、八音盒、彩色小摇铃以及拨浪鼓等可以发出悦耳声音的玩具。

不过对于这个月龄的宝宝来说，宝宝玩具没有我们日常生活中的常用物品的吸引力大。此时的宝宝对那些大人根本不会在意的日用品更感

兴趣，比如奶瓶、小勺等，常常是拿起来敲敲打打不厌其烦地玩个不停，并且十分开心。

这是宝宝发育过程中都要经历的阶段，家长不必过多干预，宝宝如果感兴趣的话，就尽管拿这些日常生活用品给宝宝玩，并且在他玩的时候给他讲讲这些东西的名称、用处，让宝宝边玩边认，在宝宝玩耍的同时，还能提高他的认知能力。

蒙台梭利潜能开发游戏

抓东西

【目的】促进宝宝手部的小肌肉运动，发展手部的精细动作和手眼的协调能力。

【玩法】可以让宝宝在地上或床上坐着，然后家长滚一个球给他，让他去抓这个球；或是让宝宝抓小块的积木、糖果等便于抓取的东西。如果宝宝能很好地抓住东西，家长可以进一步锻炼宝宝手部的配合能力，可以先递给宝宝一块积木，然后再递给宝宝另外一块积木，看宝宝的反应。宝宝通常会做出三种不同反应，一是扔掉当前手里的积木，二是用另外空着的手接过积木，三是先把手里的积木挪到另外空着的手里，再用这只手接过积木。这三种不同的反应，可以折射出宝宝的思维发展阶段：如果宝宝懂得用另外空着的手接过积木或是先把手里的积木挪到另一只手再接过积木，就说明宝宝已经懂得了两只手可以分开以及配合使用。但如果宝宝只会将当前手里的积木扔掉后再接新的积木的话，就说明宝宝还没有这个意识，这时候就需要家长的启发，让宝宝知道，他还有另外一只手可以使用。

镜子里的我

【目的】锻炼宝宝的颈部肌肉、手臂肌肉和眼部肌肉，同时还可锻炼宝宝眼神对物体的追踪能力。

【玩法】把一面合适的镜子（面积稍大，四周不会划伤宝宝）放在地上。让宝宝腹部朝下，趴在镜子边沿（注意：3个月以下的宝宝需要用抱枕支撑头部和颈部），让宝宝往镜子里看。家长可以在宝宝的身边和他一起照镜子并和他玩“躲猫猫”的游戏，在玩的过程中可以跟宝宝说说镜子里的他：“这是你的眼睛、嘴、鼻子、耳朵……”，还可以跟他玩“躲猫猫”的游戏。

抱枕上的平衡

【目的】让宝宝体验腹部所承受的压力以及平衡感，与此同时让宝宝练习抬头的能力。

【玩法】除了家长抱着宝宝做摇摆的练习，让宝宝趴着左右摇晃也能练习平衡。将宝宝放置在一个大的海绵抱枕上，也可以将大浴巾卷起来做成抱枕或用毛巾把厨房专用纸巾卷起来。可以在抱枕上先铺上一条羊毛毯，让宝宝趴在上面，用抱枕支撑着宝宝的胸部、腹部和大腿，把宝宝的头转向一边，轻轻地唱着曲儿并左右摇动宝宝。摇晃时，家长要注意扶稳宝宝，防止宝宝从抱枕上跌落。

第六章
6 ~ 7 个月的婴儿

能力发展与蒙台梭利训练

视觉

宝宝的远距离视觉进一步发展，能辨别物体的远近和空间，眼睛可以慢慢根据东西靠近或远离调整焦距来对焦了，能注意远处活动的东西，如天上的飞机等。这时的宝宝最喜欢寻找那些突然不见的玩具，爸爸妈妈可以经常跟宝宝玩“躲猫猫”的游戏，观察宝宝的兴奋程度和反应及时与否。

听觉

第 7 个月的宝宝的听力比以前更加灵敏了，能分辨不同的声音，并学着发声，在倾听自己发出的声音和别人发出的声音时，能把声音和声音的内容建立联系，如在宝宝面前呼唤“妈妈”，宝宝会把头转向妈妈。能熟练地寻觅声源，听懂差别语气、语调抒发的差别意义。

嗅觉

到7个月时，随着宝宝大脑的发育，认知能力的提高，宝宝已经开始逐渐将气味记忆起来。这时，爸爸妈妈可以用醋和妈妈常用的比较清淡的香水，放在宝宝鼻子下方轻轻地晃动两三下，给予宝宝嗅觉的刺激，并告诉宝宝这是什么气味，那是什么气味。

味觉

7个月时，爸爸妈妈可以尝试给宝宝多一些味蕾的锻炼机会。随着辅食的逐渐增加，当宝宝吃甜品的时候，告诉宝宝这是甜味，给宝宝微酸的食物时，告诉宝宝这是酸味。

语言

7个月时，宝宝的语言发展进入敏感期，已经可以发出比较明确的音节，与人玩或独处时会自然地发出各种声音，很可能已经会说出一两句“papa”“mama”了。宝宝开始模仿别人嘴和下巴的动作，如咳嗽等。也开始主动模仿说话声，会模仿大人的语调，会大叫，感到满意时会发声。在开始学习下一个音节之前，他会整天或几天一直重复这个音节。当宝宝听到“不”等带有否定意义的声音时，能暂时停下手里的动作，但很快可能又继续做他停下来的动作。当宝宝听到熟悉的声音时，会做出反应，如听到叫自己的名字、电话铃声等就会转头或转身。宝宝不仅能熟练地寻找声源，还能听懂不同语气、语调表达的不同意思。

现在宝宝对爸爸妈妈发出的声音的反应更加敏锐，并尝试跟着爸爸妈妈说话，因此要像教他叫“爸爸”和“妈妈”一样，耐心地教他一些简单的音节和诸如“猫”“狗”“热”“冷”“走”“去”等词汇。尽管至少还需要1年以上的时间，爸爸妈妈才能听懂宝宝咿呀的语言，但宝宝现在就能很好地理解爸爸妈妈说的一些词汇。

认知

7个月时，宝宝已经有了观察力的最初形态。这个时期的宝宝，对于周围环境中新鲜的和鲜艳明亮的活动物体都能注意。拿到东西后会翻来覆去地看看、摸摸、摇摇，表现出积极的感知倾向，这是观察的萌芽。这种观察不仅和动作分不开，而且可以扩大宝宝的认知范围，引起快乐的情感，对发展语言有很大作用。但是，宝宝的观察往往是不准确的、不完全的，而且不能服从于一定的目的。

这月的宝宝有了深度知觉，如抓取物体，感觉它的形状、大小，啃一啃；感觉它的软硬、滋味；把握在手里的东西，摇一摇，听一听它的声音；用手掰一掰，拍一拍，打一打，晃一晃，摸一摸，认识这种物体。对已经会的能力，不再感兴趣了，而对刚刚学会的，或还没有学会的，非常感兴趣，对新鲜事感兴趣，有探索精神，如大人将摇铃拿在手里摇晃，然后放到宝宝身边，宝宝会拿起摇铃，模仿大人主动摇铃。爸爸妈妈拿着洋娃娃逗引宝宝，宝宝会追逐大人手中的洋娃娃。将小球放在广口瓶中，然后拿给宝宝，宝宝能将广口瓶中的小球倒出来，当看到被他倒出来的小球时，他会伸手够取。

此时的宝宝，玩具丢了会找，能认出熟悉的事物。对自己的名字有反应。能跟妈妈打招呼了，会自己吃饼干了，出现认生的行为，对许多东西表现出害怕。能够理解简单的词义，懂得大人用语言和表情表示的表扬和批评；记住离别一星期的熟人 3 ~ 4 人；会用声音和动作表示要大小便。宝宝会的越来越多了，而爸爸妈妈参与宝宝的活动也越来越多了。

社会交往

宝宝已经能够区别亲人和陌生人，看见看护自己的亲人会高兴。开始观察大人的行为，当大人站在他面前，伸开双手招呼他时，他会微笑，并伸手要求抱。会模仿大人的行为，如大人给他一个飞吻，要求他也给一个，他会遵照大人的要求表演一次飞吻；当大人与宝宝玩拍手游戏时，他会积极配合并试图模仿。能听懂、理解大人的话和面部表情，并逐渐学会辨识别人的情绪，如被表扬时会高兴地微笑、被训斥时会显得很委屈、看到妈妈高兴时就微笑、听到爸爸责备时就大哭、强迫做他不喜欢做的事情时会反抗等。从镜子里看见自己，会到镜子后边去寻找；有时还会对着镜子亲吻自己的笑脸。如果和他玩“藏猫猫”的游戏，他会很感兴趣。这时的宝宝还会用不同的方式表示自己的情绪，如用哭、笑来表示喜欢和不喜欢；见到新鲜的事情会惊奇和兴奋，能有意识地较长时间注意感兴趣的事物，表现出想要融入小圈子的愿望。

早期智力开发

7 个月宝宝智力开发的重点是首先要满足宝宝旺盛的好奇心，

满足宝宝对亲人依恋的心理需求，然后再从训练他手眼协调能力、对语言的理解能力、鼓励模仿行为、学习指认生活中常见物品、认识自己身体各部位等入手，从身心各方面促进其全面发展。

点头肯定摇头否定

教会宝宝点头表示是，摇头表示不是，让宝宝懂得点头和摇头的含义，让宝宝初步明白不同动作所代表的而不同语言，进而起到开发智能的作用。

训练的时候，可以由妈妈先指着爸爸问宝宝："他是妈妈吗？"然后爸爸一边摇摇头，一边说："不"。接下来妈妈可以继续问："他是爸爸吗？"爸爸一边点头，一边说："是"。注意不要说得很复杂，例如"是的，我是爸爸"，因为这时的宝宝对单字更容易理解一些，简单的语言和动作会使宝宝更明白、学得更快。

连续翻滚

学会连续翻滚是宝宝学会爬之前唯一能移动位置的方法，是

很重要的学习项目之一，能够锻炼前庭和小脑的平衡。

在做这项运动的时候要确保有足够的活动场地，可以在地板上或在大床上进行，活动之前要将所有的障碍物移出。运动的时候，家长可以手拿玩具做引导，先将玩具放置一侧使宝宝侧翻；接着让他从侧翻变成俯卧；再从俯卧变成仰卧；最后学会连续打滚。为了拿到远方的玩具，宝宝就会做出连续翻滚向远方移动的动作。如果宝宝还比较困难的话，家长可以从旁用手轻推他的肩部和臀部，让他顺利翻身。

捡东西

让宝宝用手捡蚕豆般的小东西，借以训练宝宝拇指与食指的对捏拾取细小的物品能力，这一精细动作有利于促进大脑功能发展与手、眼的协调。可以准备一些蚕豆或其他细小的物品，让宝宝把东西捡到一个小盘子里，家长要从旁不断地进行指导和鼓励，并要做好看护，避免宝宝将东西直接放到嘴里，造成危险。

很多父母热衷于让宝宝玩大量的益智玩具，安排宝宝进行各种“开发智力”的活动，希望借此提高宝宝的语言、认知等能力。但如果学习压力过重会使宝宝的大脑不堪重负，从而使宝宝长大后易对事物缺乏兴趣和好奇心，竞争力弱，不善为人处世。所以，对宝宝的智力开发要适度，适可而止为最好。

坐立转身训练

当宝宝能稳定的独坐后，爸爸妈妈就可以着重训练宝宝的直立及平衡能力。让宝宝独自坐在床上或地毯上，等宝宝坐直后，爸爸或妈妈用一只手扶住宝宝的一侧大腿，另一只手用一个带响的小玩具吸引宝宝注意，在宝宝的左右侧交替摇响逗引使宝宝左右侧转身去寻找玩具，使宝宝在学习转侧中寻找到平衡点，并且学会用脚来支撑身体。

家庭环境的支持

室外活动

6 ~ 7 个月大的宝宝开始认生了，这是宝宝自我意识发展的正常反应，也是宝宝正常的依恋情结。此时，爸爸妈妈应借助室外活动，让宝宝有更多的机会和与不同的人接触，扩大宝宝的交往范围。可以带着宝宝到社区广场、花园绿地等场所，让宝宝看看周围新鲜有趣的景象，感知不同人的声音和脸相，特别要注意让宝宝体验与人交往的愉悦，逐渐地降低与陌生人交往的不安全感和害怕心理。

决定宝宝室外活动的时间和次数应考虑到室外的空气质量。空气质量指数是用来表示空气质量的好坏，而对流层中的臭氧含量也是被监测的物质之一。

当空气污染程度高到对人体有害时，应当尽量避免让宝宝在室外进行体育活动。一般来说，在下午接近晚上的那段时间，臭氧含量通常较高，室外活动应该避免这段时间。如果发现宝宝在一段时间内，在室外活动时总出现咳嗽、呼吸困难、总是大声喘气等现象的话，就要注意调整活动地点和活动内容。如果宝宝有哮喘的话，更要时刻小心，最好是出门的时候就把药物放在身边以防万一，同时还要听从医生的建议做适当的调整。

玩具

这个月龄的宝宝适用的玩具多半是哗啷棒、布娃娃、不倒翁、木制汽车、带弹簧的动物等，尤其喜欢电动玩具。如果让宝宝坐着，在离开宝宝一定距离的地方开动玩具，宝宝会非常高兴地欣赏着，身体还可能会自动向前倾斜变成俯卧位，企图去够玩具。这个动作是一个非常复杂的体位变化，即使不能成功，也可以有效促进宝宝运动能力的提高发展。如果让宝宝俯卧看运动着的玩具时，他就想伸手去拿。尽管这时候的宝宝还不能爬，但想拿的心情是会促进宝宝爬行运动的发展的。

如果在室外玩公众的大型器具，如秋千、滑梯、转椅等，会让宝宝特别开心，宝宝特别喜欢在秋千上摇晃，或是在滑梯上玩，但是要特别注意安全，家长必须不离身边。

玩玩具的时候，要注意安全问题，给宝宝的玩具每次在玩之前都要仔细检查，防止零件的松落给宝宝造成危险。另外，还应该做好玩具的清洁消毒工作，特别是对大人碰过的玩具，更应立即消毒，并要看好宝宝，避免宝宝将玩具放进嘴里从而将细菌也带到口腔和体内。如果是在室外玩公共玩具的话，注意不要让宝宝吃手，并且在玩过之后要用湿毛巾、湿纸巾将手部清洁干净，回家之后做好进一步的清洁工作。

多爬少坐

6个月以后的宝宝，基本上会坐了，而且能坐得比较稳当。但不宜让宝宝久坐，因为此时宝宝的骨骼仍然比较柔软，骨组织中水分和有机物含量较多，而无机盐成分较少，因而当压迫受力时易变曲变形，加上此时的肌肉比较薄弱，骨骼无法得到肌肉的有效支持，就容易使身体的形态发生各种改变，能导致脊柱变形、脱肛等。

在这个月，如果用会动的玩具吸引宝宝的话，他会表现出明显的想要爬行的欲望，所以这个月不妨多多让宝宝练习爬行。爬行时需要全身各部位参与活动，通过爬行既可锻炼肌力、平衡能力、手眼脚的协调能力，为站立和行走打下基础，又可扩大宝宝的探索空间，促进感知觉和认知能力的发展。

在练习爬行的时候，家长可以在地上铺好一块毯子，让宝宝俯卧在上面，用上臂支撑上身。然后在离宝宝不远处放一个他喜欢的玩具，用双手交替轻推宝宝的双脚底，鼓励宝宝练习爬行并够到玩具。最好是爸爸妈妈一起来进行训练，由爸爸在宝宝身后给予助力，妈妈在宝宝前方拿着玩具逗引。开始的距离不宜过长，可以保证宝宝在经过努力之后顺利够到，以树立起宝宝的自信心，提高对爬行的兴趣，然后再随着宝宝能力的发展，逐渐加长玩具的距离。

有些宝宝在这个月仍然坐不稳，后背还需倚靠着东西，有时会往前倾，这些也是正常的。有的宝宝发育较晚，要到7～8个月的时候才能坐得很稳，所以看到宝宝此时坐不稳的话，家长也不必太着急，更不要就此认为是宝宝发育落后，可以在耐心等待一段时间，同时加强日常的动作训练。但是如果这个月的宝宝还一点儿也不会坐，甚至倚靠着东西也不能坐，给他扶到座位的时候他的头主动向前倾，下巴抵住前胸部，甚至会倾倒到腿部的话，就需要到医院进行相关检查了，因为这多半是一种病态表现。

蒙台梭利潜能开发游戏

认识新朋友

【目的】锻炼宝宝最早期的交往能力，可以帮助宝宝在以后的成长过程中不认生。

【玩法】当家里面有客人来的时候，妈妈可以把宝宝抱到客厅当中去，让宝宝看到这些客人，妈妈可以一边抱着宝宝，一边向宝宝介绍这些客人，还可以抓住宝宝的小手向客人们打招呼，客人也要向宝宝打招呼，或者跟宝宝一起玩耍。

打电话

【目的】锻炼宝宝的听力，促进宝宝的语言能力发展，锻炼宝宝同别人交往的能力和自立的能力。

【玩法】妈妈把电话放在自己耳边，并同宝宝讲话："喂，是你吗？"然后妈妈把电话放到宝宝的耳边，重复同样的句子。这样重复几次后，可以用长句和宝宝交谈。说话的时候，尽量多使用宝宝的名字和宝宝能听懂的词语，然后把电话放到宝宝的耳旁，看宝宝是否也会对着电话说话。

第七章
7 ~ 8个月的婴儿

能力发展与蒙台梭利训练

视觉

8个月时，宝宝视觉的清晰度和深度已经基本上和大人一样了，距离感更加精细，并突然开始害怕边缘和高处。视神经充分发育，已经能够看到远处的物体，如远处的高楼、街上的汽车等。虽然宝宝现在的注意力更多的还是集中在靠近他的物体上，但他的视力已经足以辨认房间另一边的人和物体了，目光还能随着下落的物体移动，分辨颜色的能力也基本固定了，喜欢鲜艳明亮的颜色，尤其喜欢红色。不过，也许以后还会有细微的变化。

听觉

8个月时，宝宝的听力越来越敏感，将微弱声源靠近宝宝耳朵，宝宝都能听见并转头寻找声源。对外界的各种声音，如车声、雷声、犬吠声表示关心，会突然转头看。当听到一种声音突然变换成另一种声音时，能立刻表示关注。

嗅觉

8个月时，宝宝的嗅觉器官已相当成熟。之前，宝宝对特殊刺激性气味有类似轻微的受到惊吓的反应，这时宝宝渐渐地变为有目的地回避，表现为翻身或扭头等，说明这时宝宝的嗅觉已经变得更加敏锐。

味觉

8个月时，宝宝的味觉已经发育成熟，接近成人的标准。这一生长阶段的宝宝，较能接受新的口味和不同的食物材质。因此，爸爸妈妈需要给宝宝提供多种口味的食物，将来宝宝能接受的食物范围就会越宽。

语言

8个月时，宝宝明显地变得活跃了，发音明显地增多。当他吃饱睡足情绪好时，常常会主动发音，发出的声音不再是简单的韵母声“a”“e”了，而是试着模仿声音及发音的顺序，在倾听自己和周围人的说话声时，将元音与辅音结合在一起发出各种声音，如“爸爸”“妈妈”“拜拜”等音。当然，宝宝还不明白这些词的含意，还不能和自己的爸爸、妈妈真正联系起来。但有了这样的基础，为时不久，宝宝就能真正地喊爸爸妈妈了，最终他会在想进行交流时才说。

宝宝在这个阶段还有一个特点是能够将声母和韵母音连续发出，出现了连续音节，如“ba-ba-ba”“da-da-da”等。如果听到诸如犬吠的特殊声音，宝宝会学狗叫，发出“汪汪汪”的声音。

宝宝开始厌烦做熟悉的事情，热情转向未知领域，当愿望达不到时，知道可以用哭声来吸引父母的关注并获得安慰。开始有明显的高低音调出现，会用声音加强情绪的激动。能模仿大人咳嗽，用舌头发出嗒嗒声或发出嘶嘶声。会注意听别人讲话或唱歌，对自己名字以外的一两个字有反应，如“不行”等。想让大人帮他拿某个东西时，会指着东西看着大人的脸发“啊啊”的音。

8 个月的宝宝能喜欢模仿发音，这时爸爸妈妈一定要用正确的发音来引导宝宝学习说话，平时无论在给宝宝做什么事，最好边做边说。

认知

8 个月时，宝宝开始对周围的一切充满好奇，对别人的游戏非常感兴趣，但注意力难以持续，很容易从一个活动转入另一个活动。对镜子中的自己有拍打、亲吻和微笑的举动，会移动身体拿自己感兴趣的玩具。看到盒子中的积木后，能从盒子中取出积木。当宝宝从盒子中取出积木后，会拿积木拍打盒子。当爸爸妈妈用布将积木盖住一大半，只露出积木的边缘时，宝宝能找出被布盖住的积木。

懂得大人的面部表情，能辨别出友好和愤怒的说话声，大人用温柔的语气、微笑着夸奖时，宝宝会很高兴；用大声的类似于训斥的声音、严肃的表情时，宝宝会表现出委屈或者会哭。这时的宝宝已经会区分“一个”“两个”的概念了，数理逻辑能力有了很大的提高。

家长可以给宝宝不同数量的同类物品，变换数量，宝宝可能会在表情动作语言方面告诉你他能够感受到数量的变化。宝宝的思维能力经过前面的积累已经有了很大的提高，这时已经会去学着理解“里”“外”的概念，还会回忆自己做过的行为，对不同大小、颜色和材质的物品，也有着强烈的兴趣，并且能做适当的区分。宝宝能理解简单的语言，并在爸爸妈妈的指导下用动作表示词组的含义，如用拍手表示欢迎，用挥手表示再见。宝宝会用手指去拿小东西，用双手去拿大东西。如果宝宝发现小洞，他会将手指伸入小洞。会一手拿一样东西，也会将手上的东西丢掉，再用手去拿另一样东西。

社会交往

如果对宝宝十分友善地谈话，他会很高兴；如果训斥他，宝宝会哭。从这点来说，此时的宝宝已经开始能理解别人的感情了。喜欢让大人抱，当大人站在宝宝面前，伸开双手招呼宝宝时，宝宝会发出微笑，并伸手表示要抱。对其他宝宝比较敏感，看到别的宝宝哭，自己也会跟着哭。看见妈妈拿奶瓶时，会等着妈妈来喂自己。宝宝喜欢玩捉迷藏、拍手等游戏，并会模仿大人的动作。

手部协调能力

这个月对宝宝手部协调能力的训练可以继续上个月的做法，着重锻炼宝宝抓取各种物品的能力，锻炼宝宝用拇指和食指捏取小的物品。拇指与食指的捏取动作时宝宝双手精细动作的开端，能捏起的东西越小、捏得越准确，就说明宝宝手的动作能力越强。当然，刚开始宝宝肯定不会像大人期待中那样准确无误地把小东

西捏起来，这就需要大人耐心地进行重复练习，只要坚持锻炼，宝宝就能掌握这个动作。

爸爸妈妈可以给宝宝找一些不同大小、不同形状、不同硬度、不同质地的物体，让宝宝自己用手去抓。在抓的过程中，还可以给宝宝讲讲这些东西的名称、用途、颜色等，同时发展宝宝的多种感知觉，增强宝宝对物体的感受。不过在让宝宝捏东西的时候，大人一定要小心看护，以防宝宝把抓起来的东西放进嘴里。

还可以给宝宝准备一些小块的磨牙饼干、小水果块、蔬菜块等，让宝宝自己抓着放到嘴里吃，当然有可能一开始的时候他还不能把东西准确地放进嘴里，但过不了多久，他就能熟练的自己抓着东西吃了。

家庭环境的支持

室外活动

这个月宝宝各方面的能力都有了明显的增强，因此户外活动就显得更为重要、意义也更大了。最好能每天户外活动 1 ~ 2 小时，可以分开上下午两次活动或是三次活动，如果一次活动时间过长的话，会使宝宝感到疲累，耽误喂养。

此时的户外活动除了让宝宝进行空气浴、多呼吸新鲜空气之外，还要发展宝宝的认知能力和交往能力。当带着宝宝到户外时，要让宝宝多看、多听不同的东西，给宝宝讲讲他看到、听到的东西是什么样子的，还可以让宝宝摸摸某些东西，例如花草等，让宝宝从触觉上对这些事物形成认知。还可以借此锻炼宝宝的记忆和思维能力，例如，给宝宝看两种不同颜色的花，告诉宝宝你现在看到的这朵花是什么样子的，刚刚看到的那朵又是什么样子。虽然宝宝此时对这些内容的感受还很模糊，但这会为他将来这些能力的进一步发展打下坚固的基础。

这个月的宝宝会对妈妈有明显的依恋情绪，很难离开妈妈，并能区分出熟人和陌生人，陌生人很难将他从熟人怀里抱走。也有些宝宝有明显的“认生”表现，看见陌生人走过来就扎进妈妈怀里哇哇大哭。带着宝宝到户外，接触和他一样的小朋友以及小朋友的爸爸妈妈，鼓励宝宝多和小朋友接触交流，可以有效改变宝宝“认生”的现象，还能初步培养宝宝与人交往的能力。

让宝宝接触更多的人和物，才能真正做到发展宝宝的能力。如果只是把宝宝闷在家里教这些“知识”而不让宝宝亲身去感受的话，那么这种教育是很难收到成效的。

玩具

小算盘是这个月大宝宝一个比较不错的玩具，既可以让宝宝拨拉着玩，锻炼手部的运动能力，又能借此让宝宝对数字形

成初步的印象。爸爸妈妈有空的时候，可以拨拉着算盘珠，告诉宝宝什么是1、什么是2，也可以和宝宝一起随意拨拉着算盘珠子，当宝宝听到拨动算盘珠发出噼里啪啦的声音时，会显得特别兴奋。

适合这个月宝宝的玩具很多，如毛绒娃娃、能发出声音的玩具琴、能拖拉的小车等，但宝宝此时似乎对日常用的小工具更感兴趣。他常常会高兴地玩弄茶碗、匙、台灯、电开关、门把手、抽屉的拉手、电视、收音机等，这是宝宝感知能力发展的需要，爸爸妈妈不应遏制，应因势利导，在宝宝对这些日常物品有好奇心想要拨弄的时候就可以让他拨弄或是拨弄给他看，给他讲讲这些东西的用处，也要告诉宝宝什么东西能碰、什么东西不能碰。也许这个月的宝宝并不能理解爸爸妈妈所说的话，但是他可以从爸爸妈妈的语气和表情，分辨出什么是对的、什么是不对的。所以，当宝宝碰到任何可能会对他造成危害的东西时，爸爸妈妈要严肃认真地告诉宝宝："这个不可以拿来玩"。

此外，任何容易发生危险的器具，比如打火机、钢笔、水壶、药瓶、热水瓶等，一定要收到宝宝够不到的地方，以免造成危险。

多爬行

爬行是宝宝成长发育过程中的一个阶段性的进步，对宝宝的发育十分关键。这个月的宝宝还不能很好地爬，快到8个月了可能会肚子不离床匍匐爬行，但四肢运动是不协调的。有的宝宝比较早就会爬，有的宝宝很晚了才会爬。但无论早晚，爸爸妈妈都要把爬作为训练的重点。不能因为怕宝宝危险就不让宝宝爬，应该用各种各种方式鼓励宝宝爬行，以促进宝宝的健康成长。

宝宝从满7个月就进入了爬行的敏感期，这时每天都应该做爬行锻炼。刚开始训练时，时间不能过长，以免宝宝太累产生抵触心理。每天应多次练习，每次时间要短。另外，给宝宝选择爬行的场地要安全，不能太软，太软会增加爬行的难度。一般在地板上铺上地毯，或者铺上塑胶地垫都可以。

刚刚开始学习爬行的宝宝有个怪现象，就是在爬行的过程中非但不会向前爬，反而还向后倒退。这是因为宝宝对向前爬行有恐惧心理，

所以爸爸妈妈就要帮助宝宝，使其克服害怕向前爬的心理，克服距离障碍。要让宝宝知道，向前爬并没有危险。可以在宝宝面前放上他喜欢的玩具，鼓励宝宝向前爬，够到玩具，并给予鼓励；或是站在宝宝的前面呼唤他的名字，鼓励他自己爬过来，当宝宝爬过来后要把宝宝抱起来并给予鼓励和赞扬。如果宝宝胆小不敢爬的话，爸爸妈妈可以用自己的手掌心抵住宝宝的脚，施以外力，让宝宝在后面阻力的作用下，向前爬行。

蒙台梭利潜能开发游戏

寻找声源

【目的】帮助宝宝练习他们的听力，开发宝宝的听觉定位技能。

【玩法】把宝宝放在你的前面，使你在他的视线范围以外，然后叫他的名字，观察宝宝的反应。如果宝宝没有反应的话，可以一边喊他的名字一边用手或者其他颜色鲜艳的东西在他的眼睛附近轻轻晃几下。

跳跃的气球

【目的】帮助宝宝开发视觉跟踪和视力集中的能力。

【玩法】给宝宝一两个气球看，家长会注意到当气球随风飘动时，宝宝会好奇地睁大眼睛。家长最好将气球离宝宝的距离控制在 30 厘米左右，因为这是宝宝看得最清楚的视野范围。在晃动气球时，速度不要太快，以方便宝宝用眼睛追踪它的动态过程。

“蹬车”

【目的】让宝宝感知自己的小腿和脚丫在以一种新的方式运动，帮助宝宝交替移动双腿可以锻炼下肢力量和协调性，为将来的爬行做准备。

【玩法】让宝宝平躺着，帮助宝宝轻轻地慢慢地移动双腿，做蹬车的动作，同时微笑着对宝宝讲话，鼓励他独立完成蹬车动作。在这个游戏过程中要和宝宝保持眼神的交流，爸爸妈妈的微笑和鼓励的话语都能使宝宝更积极参与这个活动。

第八章
8 ~ 9 个月的婴儿

能力发展与蒙台梭利训练

视觉

从第 9 个月开始，宝宝会有目的地看，对看到的东西记忆能力能够充分反映出来了。对颜色的认识能力也增强了，视觉范围也越来越广了，视线能随移动的物体上下左右移动，能追随落下的物体，寻找掉下的玩具，并能辨别物体大小、形状及移动的速度。宝宝能看到小物体，能开始区别简单的几何图形，观察物体的不同形状。宝宝开始出现视深度感觉，实际上这是一种立体知觉。

听觉

9 个月时，宝宝的听觉越来越灵敏，能确定声音发出的方向，能区别语言的意义，能辨别各种声音，对严厉或和蔼的声调会做出不同的反应。能区分音的高低，如在和宝宝玩击木琴时，宝宝有时会专门敲高音，有时又专门敲低音。玩一会宝宝就知道敲长的木条声音低，敲短的木条声音高。

嗅觉

9 个月时，宝宝开始对食物的气味表现出很大的兴趣，喜欢吃添加的辅食，并且会对辅食的气味产生喜好表现，通过亲自尝试，开始理解“香”“臭”的含义。

味觉

8 ~ 9 个月的宝宝味觉发育最敏感。尤其喜好甜味和咸味，这可能是人的天性和本能。因为“甜”代表着糖和碳水化合物，而这两样物质是人类发育和生长的重要物质；“咸”代表着盐，它能保持宝宝体内电解质的稳定平衡。

语言

9 个月时，宝宝在有人逗他时，会发笑，并能发出“啊”“呀”的语声。如宝宝发起脾气来，哭声也会比平常大得多。宝宝会叫“妈妈”“爸爸”，还可能会说一两个字，但发音不一定清楚。宝宝会一直不停地重复某一个字，不管问什么都用这个字来回答。宝宝对熟悉的字会很有兴趣地听，能将语言与适当的动作配合在一起，对于某些指令能听得懂并能照着做，如“欢迎”与拍手、“再见”与挥手等。现在宝宝能够理解更多的语言，爸爸妈妈的交流具有了新的意义。在宝宝不能说出很多词汇或者任何单词以前，他可以理解的单词可能比大人想象的多。尽可能与宝宝说话，可增加宝宝的理解能力，告诉宝宝周围所发生的事情。此时宝宝也许已经能用简单语言回答问题；会做 3 ~ 4 种表示语言的动作；

对不同的声音有不同的反应，当听到“不”或“不动”的声音时能暂时停止手中的活动，知道自己的名字，听到妈妈说自己名字时就停止活动，并能连续模仿发声。听到熟悉的声音时，能跟着哼唱，说一个字并表示以动作，如说“不”时摆手，“这”“那”时用手指着东西。

认知

9个月时，宝宝也许已经学会随着音乐有节奏地摇晃，能够认识五官，会用手指出身体的部位，如头、手、脚等。宝宝能够认识一些图片上的物品，例如宝宝可以从一大堆图片中找出他熟悉的几张。有意识地模仿一些动作，如喝水、拿勺子在水中搅等。可能宝宝已经知道大人在谈论自己，懂得害羞；大人给他穿衣服时也会伸手帮忙。宝宝会与大人一起做游戏，如看到大人将物品藏起来，会去寻找被藏起来的物品，但即使宝宝看到物品被藏在很多地方，也只会在同一个地方寻找。如爸爸妈妈将自己的脸藏在纸后面，然后从某一个方向露出脸让宝宝看见，宝宝会很高兴，而且主动参与游戏，在爸爸妈妈上次露面的地方等待着大人再次露面。

宝宝喜新厌旧的速度加快，不喜欢做平日已经熟悉的活动，愿意做没有做过的事情，如拉掉帽子时觉得有趣。遇到感兴趣的玩具，宝宝会试图拆开，还会将玩具扔到地板上。对于体积比较大的物品，宝宝知道一只手是拿不动的，需要用两只手去拿。宝宝可以准确地找到存放自己喜欢的食物或玩具的地方。

宝宝在这个阶段的数理逻辑能力已经有所发展了，玩玩具的时候已经学着去观察不同物品的构造，会把玩具翻来翻去看不同的面。宝宝在摆弄物体的过程中能够初步认识到一些物体之间最简单的联系，如敲打物品可以发出声音，所以宝宝才会不厌其烦地反复地去敲，这是宝宝最初的一些“思维”活动，是宝宝认知发展的一大进步。

社会交往

9个月的宝宝与大人的交流变得容易、主动、融洽一些了，宝宝会通过动作和语言相配合的方式与大人交往，当给宝宝穿裤子时，他会主动把腿伸直；听到他人的表扬和赞美会重复动作；对其他的宝宝较敏感，如果看到爸爸妈妈抱其他宝宝就会哭；别的宝宝哭时他也会哭。这时候的宝宝偶尔有点儿“小脾气”，例如他会故意把玩具扔在地上，让人捡起，然后再扔，他觉得这样很好玩。这个阶段的宝宝已经会抗议了，如果要从宝宝的手中夺走他喜欢的玩具，已经不容易了，如果是硬抢，宝宝会大声哭，以示抗议。宝宝开始表现出自己的个性特征。如有的宝宝不让别人动他的东西；有的宝宝看见别人的东西自己也想要；有的宝宝很“大方”地把自己的东西送给别人或与别人一起分享，也有的宝宝会伸手把玩具给人，但不松手。这个阶段的宝宝不喜欢大人总是用同样的方式逗他；会记得好几天前玩过的游戏；期望他成功的做完一个动作后大人能给他鼓励，期望得到他喜欢的人的关心；宝宝喜欢听到大人的赞扬，语言能力的发展让宝宝可以听懂大人所说的话也能够用简单的话回答问题，多赞扬宝宝，会让宝宝更加喜欢话语交谈。

模仿力

宝宝从出生的那一刻起就已具备模仿的能力，这个月大的宝宝更爱模仿大人的动作。爸爸妈妈可以根据宝宝的特点，多给宝宝做好的影响和示范，让宝宝尽快地学习更多的动作和技能。

这时的宝宝如果给他一个玩具的话，他就能立刻意识到，他不仅可以将他攥紧，也可以松手扔掉。这种意识可以促使他将行为与目的结合起来，此时模仿就可以对促进宝宝的行为发展起到很大作用。例如，当大人把手里的纸张揉成一团发出声音，宝宝会好奇地学着尝试，是否他也可以用手和纸制造出同样的音响效果。

最典型的模仿训练就是语言的模仿，从模仿中学习语言表达，是人类学习语言的重要方式之一。平时爸爸妈妈可以发出各种声音，并配合表情、肢体动作，让宝宝从中学习并模仿声量、高低或节奏的变化。比如模仿各种动物的声音给宝宝听，让宝宝了解同一种声音在不同状况下也会有所不同。在引导宝宝模仿着大人学说话的时候，请尽量让宝宝看清楚大人的口型，并通过声调和表情的变化来刺激宝宝集中注意力。

动作模仿也是比较常见的模仿训练。当宝宝在练习某种技巧或游戏的时候，刚开始都需要爸爸妈妈来做引导，特别是一些有难度的动作训练，如开关灯、拿取物品等，一般都要求爸爸妈妈先当着宝宝的面做动作，然后和宝宝一起重复动作，最后鼓励宝宝独立完成动作。通过这种模仿，就可以让宝宝很快地掌握各种技能，对促进成长发育大有益处。

爸爸妈妈要知道的是，要宝宝模仿并不是教他，而是应陪着他一起做宝宝要学的动作，等到宝宝做熟了之后，如果有不对的地方还要提醒他去修正。如果仅仅是“动口不动手”，那么宝宝很难真正地从模仿上得到锻炼。

扶站训练

在宝宝坐稳、会爬后，就开始向直立发展，这时爸爸妈妈可以扶着宝宝腋下让他练习站立，或让他扶着小车栏杆、沙发及床栏杆等站立，同时可以用玩具或小食品吸引宝宝的注意力，延长其站立时间。如果在以上练习完成较好的基础上，也可让宝宝不扶物体，独站片刻。此外，也可在宝宝坐的地方放一张椅子，椅子上放一个玩具，妈妈逗引宝宝去拿玩具，鼓励宝宝先爬到椅子旁边，再扶着椅子站起来。大人是宝宝扶站的最好“拐棍”，必要时刻站在宝宝旁边，让宝宝抓住你的手站起来。通过扶站练习，可以锻炼宝宝腿部或腰部的肌肉力量，为以后独站、行走打下基础。

教宝宝双手拿东西

大脑的发育离不开手部活动的促进，这个月的宝宝手部的活动能力又有明显的进步，他能用拇指和食指把东西捏起来，会模仿着大人拍手，会把纸撕碎并放进嘴里。如果把宝宝抱到饭桌上的话，宝宝会用两只手啪啪地拍桌子，会拿着勺子送到自己的嘴边，还会拉着窗帘或窗帘绳晃来晃去。

教会宝宝双手的协调和配合能力很重要。很多宝宝在这个月玩的时候不再只玩一样东西，可以同时玩两个或者两个以上的物体。喜欢用一样东西去碰击另一样东西，例如一只手拿起一块积木对敲，拿起摇铃敲桌子，也不管自己的手是否会敲痛。这正是宝宝锻炼手部运动和探索活动的开始，爸爸妈妈在鼓励宝宝的同时，也要注意观察宝宝会不会同时用双手抓握、敲打这些东西。有的宝宝在这个月，还总是用一只手抓握玩具玩，而另一只小手似乎总是“闲置”着。这样的宝宝很可能在这个时期还不懂得可以同时运用双手活动，爸爸妈妈可以耐心的启发、诱导他们，例如，先递给宝宝一件玩具，然后再递给宝宝第二件玩具，看宝宝的反应。如果宝宝真的是扔掉手里的玩具再接新的玩具的话，就说明他们还没能意识到可以用另外一只手来接玩具，这时候爸爸妈妈就应该告诉宝宝“宝宝还有另外一只手可以拿玩具啊”，并有意识地把玩具递到他另外一只手上，让宝宝学会双手持物。

有的宝宝在这个时候开始出现破坏行为了，他会把手里的纸撕碎，然后放进嘴里。爸爸妈妈不要小看宝宝撕纸的动作，这正是锻炼宝宝手腕肌肉和手部协调能力的大好时机。如果宝宝喜欢撕纸，爸爸妈妈不能因为怕宝宝把东西撕坏就制止他，这样无疑是剥夺了宝宝锻炼的机会，大可以任由他撕着玩。但注意的是，不能给宝宝报纸和其他印刷品纸张，因为上面沾染的油墨会对宝宝的身体健康形成危害。

家庭环境的支持

室外活动

这个月宝宝的户外活动范围可以增大了，可以带着宝宝到稍远一点儿的公园，让宝宝有机会看到更多的外界景观。还可以让宝宝认识自然景观，给宝宝指认着太阳、月亮、星星、雨、雪、雾等，提高宝宝的认知能力。

可以告诉宝宝更多的东西，比如讲给宝宝听，太阳一出来，天就亮了；太阳一落山，天就黑了，星星就出来了，像宝宝的眼睛一样一眨一眨的。不要认为宝宝什么都不懂，要尽量多地将周围的事物描述给宝宝听，这样宝宝很快就能认识并了解这些东西。

除了给宝宝讲之外，也可以让宝宝自己去亲身感受。比如下雨的时候，可以让宝宝伸出小手接一接雨水，让宝宝感受雨水落在手心上的感觉，但注意不能让宝宝淋雨。遇到有风的天气，可以让宝宝感受下风吹在脸上的感觉，但不能让宝宝吹太猛烈的风。这些感觉上的体验都有助于强化宝宝的知觉，会让宝宝留下更深的记忆。

随着宝宝运动能力的加强，出去玩的时候危险性也就随着加强，所以带着宝宝户外活动的时候，家人必须一刻不离地盯着宝宝，同时也要远离任何可能会给宝宝带来危险的场所，例如公园的水池、小区里的电线电缆箱等。

玩具

容易抓取的小球、能发出响声的玩具、像小型汽车那样可拖拉的玩具、玩具电话，小木琴，小鼓，金属锅和金属盘、当挤压时可以吱吱叫的橡皮玩具及不易撕坏的布质的书都是宝宝不错的玩具，可以锻炼宝宝手部的活动能力；色彩鲜艳的脸谱、各种五颜六色的塑料玩具、镜子、图片、小动物、能发出悦耳动听的声音的小摇铃、拨浪鼓、八音盒、风铃、有不同手感不同质地的玩

具如绒毛娃娃、丝织品做的小玩具、床头玩具、积木、海滩玩的球等，可以发展宝宝的视觉、听觉和触觉。

8个月大的宝宝已经有不少的发现，他们能够认识玩具、家具等多种用具，面对积木，宝宝会开始运用两只手，他们知道两块积木相碰会发出响声，一个叠在另一个上面就会比单独一块积木高，而且还可以用积木叠成多种不同的形状，所以这个时候，爸爸妈妈也可以给宝宝准备一套积木块让宝宝玩。

在为宝宝购置玩具的时候，除了玩具的材质、颜色和形状之外，还要考虑玩具的整体结构，因为玩具上的螺丝松动、小零件的脱落，再比如玩具娃娃的眼睛等，这些都有给宝宝带来危险的可能。给宝宝的玩具除了要定期消毒注意卫生之外，在每次给宝宝玩的时候，都要先认真检查一边，如果发现有安全隐患的话，就应该舍弃，不能再给宝宝玩。

多和宝宝说话

大约从 6 个月开始，由于视觉能力和运动能力的发展，宝宝不再满足于和妈妈面对面的两人互动，开始对外界物体表现出极大的兴趣。这时家长就可以改变策略，在洗澡、吃饭、游戏、看图等日常活动中，和宝宝共同注意、探索并交流外界的事物，在交流中提高宝宝的认知能力，同时还能促进宝宝的语言发展。

宝宝学会说话并不是一蹴而就的，离不开爸爸妈妈的引导和互动。这个月大的宝宝经常会发出一些单音节的字和简单的复音节，爸爸妈妈也要多多回应宝宝，不能置之不理。研究表明，宝宝更喜欢大人缓慢的语速、夸张的语气和高扬的声调，这种说话方式可以帮助宝宝从一串串连续的语句中识别某些重要的词语，从而使他更好地理解并学习这些词语。因此，当宝宝发出咿咿呀呀的语言时，爸爸妈妈要用这种儿童话的语音予以回应和交流，这样这种互动一方面有助于加强促进亲子关系的顺利发展；一方面也可以帮助宝宝日后成为一个乐于与人交往的人。

要知道，宝宝学会说话与爸爸妈妈日复一日的重复性的交流密不可分。父母是宝宝第一语言老师，这就要求爸爸妈妈尽量用清晰标准的发音和宝宝对话，对话时尽量面对着宝宝，让宝宝看到你的口型，并鼓励他去模仿。宝宝学习语言要有语言环境，要和周围的情景、实物联系起来，而通过电视、广播、电脑光盘等让宝宝学语言的方式，是很不可取的。

刚开始说话的宝宝，语言不清楚、片断化是很正常的，即使爸爸妈妈不明白宝宝在说什么，但也要保持安静、专注的神色倾听宝宝的表达。安静的神色和饶有兴趣的表情能鼓励宝宝更有信心地把自己的想法和感受表达出来，这会大大提高宝宝语言的发展速度。

蒙台梭利潜能开发游戏

飘动的丝巾

【目的】刺激宝宝视觉系统的发育，培养宝宝的好奇心和注意力。

【玩法】把宝宝放在地板上或者宝宝车上，然后在宝宝面前或小手附近轻轻晃动丝巾。如果宝宝蹬腿、伸胳膊或者用手去抓丝巾，那么家长就会知道宝宝对丝巾的颜色、质地和运动有多么的感兴趣。

黑白黑白我最爱

【目的】锻炼宝宝的颈部自然转动及提升其注意力，增强其视觉认知能力，促进宝宝的视觉发展。

【玩法】准备一些自然的、线条清晰地、黑白分明的图像，放在离宝宝眼睛 20 ~ 25 厘米处，配合清晰的声音说明，不要过慢或间断，过程中需注意声音的亲切与抑扬顿挫，以吸引宝宝的注意。演示的动作及位置均可变化，使宝宝的颈部能够自然转动。

猜一猜，哪一边

【目的】训练宝宝手眼协调能力、促进脑部发育。

【玩法】准备一些颜色球、有声音的玩具或小乐器。拿一个色球在宝宝眼前晃动，或突然藏到背后再慢慢拿出来，让宝宝自然伸手抓取；当宝宝成功抓到时，不要马上放开，让宝宝体会抓取的感觉。可反复进行这个动作，当宝宝挥动自己的小手去抓玩具时，要适时给予赞美。

第九章 9 ~ 10 个月的婴儿发育

能力发展与蒙台梭利训练

视觉

宝宝此时视觉的清晰度和深度感觉几乎和成人一样。虽然现在宝宝的视力仍是近处比远处要清楚，但他的视野已足够看清和识别整个室内的人物和东西了。也是在此时宝宝眼睛的颜色差不多接近最终的颜色，但仍然还在发育完善。这时期宝宝最大的特点是不但手眼协调发育进步很大，而且懂得常见人及物的名称，会用眼注视所说的人或物。能准确地观察爸爸妈妈及其他人的行为，对爸爸妈妈训斥或赞扬，有委曲或兴奋的不同表情。

听觉

10 个月时，宝宝对细小的声音也能做出反应，声音定位能力已发育很好，有清楚的定位运动，能主动向声源方向转头，也就是有了辨别声音方向的能力。爸爸妈妈手拿风铃，分别在宝宝的上方和下方晃动出声，宝宝会跟着声音抬头，低头。

嗅觉

10个月时，宝宝的嗅觉开始完善，和成人基本无差异，已经拥有了灵敏的嗅觉，能够记住及辨别各种味道，借助嗅觉了解外界环境。因此，爸爸妈妈要多带宝宝到公园去接触不同的花草，树木的气味，家中也可以定期更换不同香味的香精油或者盆花来促进宝宝的嗅觉发育。

味觉

到了10个月，宝宝不仅能分辨味道，还能记忆味道，并逐渐地适应和接受各种辅食的味道。因此，要使宝宝的味觉得到良好的发育，爸爸妈妈应该特别重视宝宝辅食添加期的味觉体验。如果在这个感受性较强的时期，宝宝有了对各种食物的品尝体验，他就会拥有广泛的味觉，以后就乐于接受各种食物。这个过程不仅对宝宝的味觉发育有益，对宝宝的智力发展也有着十分重要的意义。

语言

10个月时，宝宝的语言能力开始得到体现，喜欢发出咯咯、嘶嘶、咳嗽等有趣的声音，笑声也更响亮，并反复重复会说的字，已能有意识地叫爸爸、妈妈。除了可以主动地叫爸爸、妈妈外，可能还会说些有意义的单字，如走、拿、水等。能够主动地用动作表示语言，也很喜欢模仿人发声，在模仿大人说话时，模仿的语调缓急、脸部表情比模仿的语音要准确；会不停地重复说一个词；懂得爸爸妈妈的命令，对要求他不去做的事情会遵照爸爸妈妈的要求去做，诸如“请把那个球给我”等简单指令。宝宝语言能力在实际锻炼中不断地提高，每天的语言变化都会使爸爸妈妈充满惊喜。

社会交往

10个月时，宝宝特别喜欢和爸爸妈妈在一起玩游戏，看图书，听大人给他讲故事，喜欢被表扬。宝宝喜欢和成人交往，并且会模仿成人的举动。宝宝会主动亲近小朋友。喜欢看其他小朋友玩耍，当有其他小朋友在旁边或者想分享他的玩具时，宝宝会显出对玩具明显的占有欲，宝宝会认为全部的东西是自己的，不愿和别人分享。随着时间的推移，宝宝的自我概念变得更加成熟。以前宝宝只要吃饱睡足情绪好，就会听爸爸妈妈的话，但是现在通常难以办到，宝宝会以自己的方式表达需求。当宝宝变得更加活跃时，爸爸妈妈会发现你要经常说不，以警告宝宝远离不应该接触的东西。但是即使宝宝可以理解词汇以后，宝宝也可能根据自己的意愿行事。爸爸妈妈必须认识到这仅仅是强力反抗将要来临的前奏。

家庭环境的支持

室外活动

多到室外活动是非常重要的，如果没有人帮忙的话，家长可以尽量简化辅食的制作，多腾出时间带宝宝到室外活动。这个月大的宝宝可以和大人吃一样的饭菜了，这就会为辅食的制作减轻不少负担。

这个月的宝宝活动量愈来愈强，也有了主动要求，早上一醒来就会要求爸爸妈妈抱到外面去玩耍。家长应满足宝宝的要求，多带宝宝到户外去活动，可以用小车推着到外面去玩，也可以抱出去散步、晒太阳，使宝宝呼吸到新鲜空气，同时还能使宝宝开阔眼界，心情愉快，学会与人交往，有利于宝宝的身心健康发展。

把宝宝抱到外面进行站立迈步的训练也是不错的选择。这一方面，宝宝的活动范围更开阔，另一方面室外的空气流通也较好，对宝宝的呼吸系统循环非常有利。但在室外进行这项训练的话，更要注意做好保护工作。另外这个月龄的宝宝在户外训练可能还有些难度，家长应当视宝宝的能力发展程度量力而行，不必强求。

一般来说，每天的户外活动的时间都不应少于 2 小时，但具体安排要根据气温和个体反应而定，体质较弱的宝宝要相对减少户外活动的时间，生病的宝宝要视情况决定削减户外活动的时间还是暂时停止户外活动。冬天气温较低的时候，可以选择在太阳下玩耍；夏天择应选择在早晚进行户外活动，避免中午阳光的直射；而在春秋季节，如果天气晴好无风的话，白天任何时候都适宜出去玩耍。另外，一天中的户外活动要分次进行，每次时间不必太长，以防止宝宝过度疲劳。

玩具

9个月的宝宝不用扶也能坐很久，并会由坐姿改为爬行。只要扶着他的手，就能站起，甚至能扶着东西挪动。此时宝宝手的动作更加灵活，运动能力增强，也能进行简单的模仿，玩具在这个时候除了娱乐的作用之外，还能成为很好的锻炼发展宝宝能力的工具。

1. 小狗、小猫、小鸡、小鸭等动物玩具。这些玩具既可发展宝宝的认知能力，同时又可引导宝宝学小动物的叫声，提高宝宝的模仿力。

2. 有利于发展宝宝的动手能力的玩具。如积木或光滑的木块、大的底部较重但可推倒的充气玩具、一些互相撞击可以发出声音的玩具、成套的类似餐具的各种小物件之类的玩具。可以利用积木，教宝宝拿一块积木摞在另一块积木上，或是拿一个小筐让宝宝把积木放进去再拿出来；或是提供有盖子的小盒，小瓶等，让宝宝打开或盖上盖子；再或者教宝宝学开纸盒，在纸盒里可放入少量食品，如糖果、饼干等，让宝宝学着用小手打开盒盖，也可用手把纸盒捅破，把食品抠出来；还可以选购一些套塔套碗等套叠玩具，让宝宝将其拆开，再套上去，不一定要求按大小次序套好。

3. 有利于促进宝宝站立和行走的玩具。如可拉着走同时发出音乐或模拟声响的玩具、小推车、拖拉玩具等。可以在大人的帮助下，让宝宝扶着小车站立或推着小车慢慢走步，或是扶着宝宝的一只手，让宝宝用另一只手拿着拖拉玩具，边走边拖，增加宝宝学步的兴趣。

如何清洗宝宝的玩具

玩具要定期进行清洗，时间可以根据宝宝接触玩具时间的长短来定，最少一个月清洗一次。另外，还要教育宝宝不要啃咬玩具，玩好后要收好玩具不要乱扔，要洗过手才能吃东西等，这样才能有效地保护宝宝。

毛绒玩具的清洗：

1. 清洗前，将玩具身上的缝线拆开一点儿，把里面的填充物取出来，放到太阳下暴晒。

2. 清洗玩具晾干，再把填充物塞进去缝好。这样做虽然麻烦点，但可以防止填充物霉变。

塑料玩具的清洗：

1. 用水清洗表面灰尘。水是中性物质，70% ~ 80%的细菌都可以用水冲洗掉。

2. 充分浸泡后捞出。

3. 放在阴凉处晾干。

木制玩具的清洗：

1. 用3%来苏溶液或5%漂白粉溶液擦洗。

2. 用清水冲干净后晾干或晒干。

铁皮玩具的清洗：
1. 先用肥皂水擦洗。
2. 清水冲干净后放在阳光下晒干。

帮宝宝站立

宝宝到了这个月，可能会越来越不安分，他已经不愿意总是一个姿势或总在一个小范围活动了，也不满足总是爬着运动，开始表现出想要站立的欲望。这时就要给宝宝准备出安全自由活动的地方，如带栏杆的小床、活动圈，或是在沙发前、床前空出一块地方，让宝宝扶着或靠着练习站立。刚开始的时候，宝宝可能像个不倒翁一样的摇摇摆摆，这时爸爸妈妈可以扶住宝宝的腋下帮助宝宝站稳，然后再轻轻地松开手，让宝宝尝试一下独站的感觉。或是刚开始的时候让宝宝稍靠着物体站立，以后逐渐撤去作为依靠的物体，让宝宝练习独自站立，哪怕只是片刻。但注意一定要保护好，以免摔倒而影响下一次的练习。

爸爸妈妈也可以先扶住宝宝的腋下训练宝宝从蹲位站起来，再蹲下再站起来。逐渐发展成拉住宝宝一只手，使宝宝借助爸爸妈妈的扶持锻炼腿部的力量。

经过这样的训练，如果让宝宝扶着栏杆站立，宝宝常常会稍稍松手，以显示一下自己站立的能力，有时甚至能站得很稳，这时最好不要去阻止，而要及时给予鼓励和表扬。

还可以利用起立—坐下的练习，帮助宝宝练习腿部肌肉的力量。练习的时候，可以先扶着宝宝站着，然后有意识地把一些玩具放在他的下面，鼓励宝宝自己坐下去拿。刚开始的时候，宝宝可能是一下子摔坐下去，这时要注意保护好，可以扶着宝宝，给他一些辅助力量，让他可以缓慢地屈髋坐下。

在训练时，宝宝由于刚学会站，有时动作还不够稳定，这就需要继续加强训练，以提高站立的稳定性和持久性。但要注意的是，也不要让宝宝站立时间太长，以免因身体疲劳而使宝宝对学站失去兴趣。有的老人总是担心让宝宝站得过早，会长成罗圈腿，但每天如果只训练 5 分钟，是不会有问题的，并且宝宝在这个月龄的时候大多数都是小腿向外侧弯的，这是属于生理性的，所以不必要担心小腿弯曲。

蒙台梭利潜能开发游戏

躲躲藏藏真有趣

【目的】训练宝宝的记忆、观察、思考、探索及语言学习等能力。

【玩法】在地板或铺上软垫的地面上，家长先将手中的玩具给宝宝看见，然后慢慢拿到各个方位，在他看得见时，让玩具消失不见，再问宝宝“玩具呢？玩具不见了！”并引导宝宝去寻找玩具，当宝宝找出玩具时，记得给予夸奖。

像什么

【目的】给予右脑细胞更多的刺激，启发宝宝的联想力和创造力。

【玩法】让宝宝面对一面没有过多视觉刺激的墙，爸爸妈妈手里拿着图画卡片或积木等，从宝宝的左耳后方进入他的左眼视野，问宝宝：“你看这个像什么呀？”让他用自己丰富的想象来回答问题；或在晴朗的天气里，带着宝宝躺在草地上观察天上的云朵，启发他将不同形状的云朵看成动物、仙女、天使等。注意的是，爸爸妈妈一定不要问宝宝“这是什么？”因为这样的问题很容易得到单一答案，禁锢了宝宝的想象。

第十章
10 ~ 11 个月的婴儿发育

能力发展与蒙台梭利训练

视觉

从半岁到 1 岁，是宝宝视觉的色彩期，11 个月的宝宝能准确分辨红、绿、黄、蓝四色。此时宝宝特别喜欢看颜色鲜艳的、对称的、曲线形的图形，更喜欢人脸和小动物图画，喜欢看活动着的物体。

听觉

这个时期的宝宝说话处于萌芽阶段，尽管能够使用的语言还很少，但令人吃惊的是他们能够理解很多大人说的话。对成人的语言由音调的反应发展为能听懂语言的词义。如问宝宝“电灯呢？”宝宝会用手指灯。问宝宝“眼睛呢？”宝宝会用手指自己的眼睛，或眨眨自己的眼睛。听到大人说“再见”，宝宝会摆手表示再见。听到“欢迎、欢迎”的声音，宝宝也会拍手。

嗅觉

到了 11 个月时，宝宝的嗅觉已经发育接近成熟，几乎和成人一样了，能区别不同的气味。开始闻到一种气味时，有心率加快、活动量改变的反应，并能转过头朝向气味发出的方向，这是宝宝对这种气味有兴趣的表现。爸爸妈妈可以给宝宝闻各种花的味道或者一些香水的味道，能很好地锻炼宝宝的嗅觉，也可以适当地给宝宝闻一些醋的酸味和臭豆腐的臭味之类，让宝宝的嗅觉更全面。但是不要过多地让宝宝闻不好的味道，这会让宝宝难受。

味觉

到了 11 个月时，宝宝的味觉已经很敏锐，对味道的包容也各不相同，味觉非常敏感的宝宝一般食量都较小；不管什么都吃得很多的宝宝，对食物的味道就不太计较。因此爸爸妈妈要更多耐心给挑剔的宝宝喂食。

语言

11 个月大的宝宝，在大人的提醒下会喊爸爸、妈妈，会叫奶奶、姑姑、姨等。会一些表示词义的动作，如竖起手指表示自己 1 岁。能模仿大人的声音说话，说一些简单的词。宝宝还可以正确模仿音调的变化，并开始发出单词。宝宝能很好地说出一些难懂的话，对简单的问题能用眼睛看、用手指的方法做出回答，如问他“小猫在哪里”，宝宝能用眼睛看着或用手指着猫。宝宝可以控制音调，会发出接近父母使用语言的声音，并反复重复会说的字。11 个月的宝宝，能听懂 3 ~ 4 个字组成的一句话，能够理解很多大人说的话，对成人的语言由音调的反应发展为能听懂语言的词义。这个阶段的宝宝，已能模仿和说出一些词音，宝宝常常用一个单词表达自己的多种意思，如“外外”，根据情况可能是指“我要出去”或“妈妈出去了”。

现在，宝宝开始明白很多简单词语的意思，所以，这时候不断和宝宝说话比以往任何时候都更重要。爸爸妈妈应该用成人的语言把宝宝说的词语再重复说给他听，这样宝宝会从一开始就会接受良好的语言模式。比如，如果宝宝要“叭叭”（杯子），你要很温和地强调这个词的正确发音，反复问他“你要杯子吗？”在这个阶段，爸爸妈妈最好尽量避免使用儿语。

认知

11 个月时，宝宝的认知能力发展仍较快，宝宝乐于模仿大人面部表情和熟悉的说话声，自言自语地说些别人听不懂的话。不过，宝宝现在已经会听名称指物，当被问到宝宝熟悉的东西或画片时，会用小手去指，大人给予鼓励时，更能激发宝宝的学习兴趣；还会试着学小狗或小猫的叫声。现在，宝宝开始把事物的特征和事物本身（如狗叫声与狗）联系起来，对书画的兴趣越来越浓厚。宝宝喜欢摆弄玩具，对感兴趣的事物会长时间地观察，会把东西放入容器中再取出来，如把小东西放进杯子里并取出来。如果大人将玩具藏起来，宝宝会主动找被藏起来的玩具，而且会不只找一个地方，如盒子里、枕头底下等都会翻找。新买回来的玩具，宝宝能自己打开玩具的包装。宝宝开始进行有意识的活动，

将事物之间建立联系的能力继续增强。例如宝宝知道木球和瓶子之间的关系，知道拿起木球投到瓶子里；逐步建立了时间、空间、因果关系，如看见妈妈倒水入盆就等待洗澡。此时的宝宝已经能指出身体的一些部位；具备了初步的自我意识，不愿意妈妈抱别的宝宝。知道常见物品的名称并会表示，宝宝能仔细观察大人无意间做出的一些动作，头能直接转向声源。这一阶段也是宝宝词语、动作条件反射形成的快速期。

社会交往

11 个月时，宝宝意识到他的行为能使大人高兴或不安，因此也会想尽办法令爸爸妈妈开心。宝宝已经能很清楚地表达自己的情感。有时，他独立的像个“小大人”，而有时又表现得很淘气。宝宝有时会将玩具扔在地上，然后希望大人帮他捡起来，但大人捡起来后宝宝还会再扔，并在反复扔玩具的过程中体会乐趣。宝宝对陌生的人和陌生的地方依然感到害怕，和妈妈分开会有强烈的反应。宝宝会表现出对人和物品的喜爱。

这个阶段的宝宝，反抗情绪增强，有时会拒绝吃东西，还会在妈妈喂食或睡午觉时哭闹不休。宝宝喜欢模仿大人做一些家务事，如果家长让宝宝帮忙拿一些东西，他会很高兴地尽力拿，同时也希望得到大人的夸奖。这个阶段的宝宝已经能执行大人提出的简单要求。宝宝会用面部表情、简单的语言和动作与成人交往。宝宝会试着给别人玩具。

这个阶段的宝宝，心情也开始受妈妈的情绪影响。宝宝喜欢和成人交往，并模仿成人的举动。在不断的实践中，宝宝会有成功的愉悦感；当受到限制时（尤其是成人总说不要、不能）、遇到“困难”时，仍然会以发脾气、哭闹的形式发泄因受挫而产生的不满和痛苦。

宝宝现在和其他宝宝在一起时，也会坚持一下自己的意愿了，为宝宝找一些经常在一起玩的小伙伴，是鼓励宝宝发展社交技能的好方法。但是，爸爸妈妈要知道这个年龄的宝宝仍然太小，还不能理解交朋友是怎么回事，安排宝宝和小伙伴们一起玩可以为宝宝学习与别人交流、互动打下良好基础。同时，宝宝可能从这些小伙伴身上学到新的玩法。

自我意识

这一时期宝宝的自我意识，已经发展到了能够通过镜子模模糊糊感觉到镜子里面的人可能就是自己的阶段，但他们还不能很明确地认识到，镜子里的人就是自己。一般来说，这种确切的认知要到一岁之后才能形成，而在这个时期，爸爸妈妈可以做的，就是强化宝宝的自我意识。

照镜子仍然是发展自我意识的最佳途径，爸爸妈妈可以平时多让宝宝照照镜子，对着镜子拿着宝宝的手，让他指着自己的五官，与此同时让宝宝朝镜子里看，告诉宝宝“这是宝宝的大眼睛”，“这是宝宝的小鼻子”，等等。还可以让宝宝摸摸爸爸妈妈的眼睛、鼻子，然后对着镜子告诉宝宝“这是爸爸 / 妈妈的眼睛”，然后再把手放到宝宝的眼睛上，告诉宝宝“这个是宝宝的眼睛”。通过这种方式，可以让宝宝感觉出自己与他人的区别，从而强化宝宝对自我的认知。

记忆力

这个月的宝宝开始有了延迟记忆能力，对于家长告诉他的事情、物体的名称等，能够维持几天甚至更长时间的记忆。这一时期是对宝宝进行早期教育的开始，如果教育得当的话，可以让宝宝学会很多的东西。不过这种教学最忌讳的就是揠苗助长，最好的方法是利用游戏加强锻炼学习，让宝宝边玩边学。

例如，这一时期宝宝对于图画的兴趣很高，所以可以把印有动物、用品、食物等图片的认知卡放在桌子上，先将每张图片上的内容名称告诉宝宝，给宝宝讲讲这种东西的特点、用处等，然后再由大人说出名称，让宝宝在一堆图片中找出所对应的图片。通过这个游戏，除了可以锻炼宝宝手脑并用、学会听声辨图之外，

还能发展宝宝手部的活动能力。在手、脑、眼的协作下，还能有效提高宝宝的记忆能力。但是，刚开始教宝宝认识这些图片的时候，往往需要花一些时间，反复多次进行，并在学习的过程中注意多鼓励，培养宝宝的兴趣。

在玩游戏的过程中注意的是，如果宝宝失去耐心、显得比较抗拒的话，家长就要停止这种训练游戏，以免宝宝对这些小游戏彻底失去兴趣。

家庭环境的支持

室外活动

这个月的宝宝对室外活动的主动性比上个月要强了，有的宝宝在上个月还不懂得自己要求出去玩，但从这个月开始也渐渐懂得发出想要出去玩的愿望了，而且这时如果是平时不熟悉的陌生人，如果说要抱着宝宝出去玩，宝宝也会愿意去。因此可以看出来，此时的宝宝对户外活动有着多么强烈的需求。

由于此时的宝宝已经能吃和大人一样的饭菜了，所以爸爸妈妈不妨减少准备辅食的时间，多带宝宝出去呼吸呼吸新鲜空气，看看外界的事物，让宝宝和邻居家的小朋友多些交流。这一阶段不应该吝啬室外活动的时间，只要宝宝身体情况良好，天气晴好，室外空气也较好的话，只要宝宝想出去玩，就带着他出去待一会儿。

但是，此时室外活动的时间也不宜太长，以免宝宝“玩疯了”。可以采取多活动次数、少活动时间的办法，即每天多出去活动几次，每次活动时间相应减少，这样一来可以满足宝宝想要出去的愿望，二来也不至于让宝宝太过疲累，而影响他的休息睡眠。

教宝宝说话

教宝宝说话是家长和宝宝双方不断“学习”的过程，宝宝在未开口说话之前就已经注意倾听和模仿大人的语言，而家长同样要学会宝宝的“语言”，才更有利于交流。很多人都会发现，当这个月大的宝宝含糊不清地与他人“交谈”时，对方几乎是听不懂他说的是什么，但妈妈或每天陪着宝宝的亲人却都能知道他在说什么。只有当你懂得宝宝的词语和手势，以及他指指点点、嘟嘟囔囔是要干什么以后，你才能真正地与他交流，教他说话。和宝宝对话是鼓励他提高语言技能的一个好方法，当宝宝对着一个东西嘟嘟囔囔的时候，你要马上告诉他这个东西的名字，或者你主动指着东西说出名字，帮助宝宝学会叫出这样东西的名字。

很多家长在跟宝宝说话时，都喜欢用叠字或者婴儿化的语言，例如把吃饭叫作“饭饭”，把爽身粉、护肤油叫作“香香”。在宝宝很小的时候，你可以这么哄他，但当开始真正教宝宝说话之后，就不要再这么与他对话了，一定要用成人的语言把宝宝说的词语重复说给他听，比如当宝宝叫“饭饭”的时候，你就应该告诉他“吃饭”。虽然婴儿化的语言很有意思，但是作为家长你要知道，只有正确的发音和语言表达，才能有利于婴儿的健康成长。

教宝宝说话并不需要刻意进行，只需要在生活中潜移默化就可以了。比如，你可以把你自己正在做的事情一步步讲给宝宝听，也可以一边唱儿歌一边配合歌词做动作表演给宝宝看，这样宝宝就能很快将词汇和意思联系起来，用不了多久，他就会正式地和你“对话”了。

但是有个问题需要家长注意的是，如果家里成员来自不同地方、同时用多种方言的话，在教宝宝说话期间，尽量营造一个说普通话的环境，家中成员都说普通话，以此来促进宝宝的语言学习。如果做不到都用普通话的话，那就固定一种方言口音和宝宝交流、教宝宝说话，否则多种方言容易给宝宝学说话带来干扰。

教宝宝看图画书

这个月的宝宝看的能力大大增强，是时候准备一些好看的图画书了。这时的宝宝大多数都喜欢色彩鲜艳的大块图案，图画书在此时不仅能够迎合宝宝的喜欢，还能借此来提高宝宝的认知力、记忆力和思维能力。

好的图画书，画面的色彩形象应当真实准确，符合实物，并且根据这个月龄宝宝的特点，尽量选择单张图画简单、清晰的图画书，最好是选择实物类的图画，而不以选择卡通、漫画等，也不要选择背景复杂、看起来很乱的图画书，这会使宝宝的眼睛容易疲劳，辨认困难。

可以给宝宝准备一些认识蔬菜、水果、人物或其他生活用品之类的图画书，每天带着宝宝认 1 ~ 2 种，并把图片上的东西和实物联系起来，比如教宝宝认识图画书上“苹果”的时候，就可以拿着一个苹果给宝宝看看、抓着玩玩，这样可以提高宝宝的理解力和记忆力。由于此时宝宝的能力水平有限，所以一次最多不宜让宝宝识记超过 2 件以上的物品，否则会使宝宝发生记忆混淆。这么大的宝宝集中注意力的时间很有限，所以应当遵从宝宝的喜好和心情变化，适可而止，以免宝宝看得心烦。

每次给宝宝看新的图画之前，要先给宝宝看看之前一天看过的图片，以加深宝宝的印象。只有这样的不断重复，才会让宝宝记住所学所看的东西。再有，在给宝宝讲述物品名称的时候，名称一定要从头到尾保持固定和准确，以免宝宝产生混乱或错误的印象。

蒙台梭利潜能开发游戏

光影秀

【目的】培养宝宝的视觉能力。

【玩法】坐在地板上，让宝宝坐在你的腿上或你旁边。把手电光或灯光打到墙上，然后把手放在光源和墙之间，这样墙就成了你表演手影的屏幕。刚开始，你可以做些简单的动作，例如挥手或竖起手指表示不同的数字，然后你可以用手做出小动物的形状，比如狗或鸭子。还可以帮助宝宝挥动双手，在墙上显出晃动的影子，然后让宝宝看他的手影比你的小多少。最后，你还可以握着宝宝的手，帮宝宝做出不同的手影形状，对宝宝说晚安。

超级分类

【目的】锻炼宝宝的精细动作，培养宝宝的手眼协调能力。

【玩法】准备几个小碗、带盖的小容器以及能用手指拿的食物。用小碗装上宝宝爱吃的、各种颜色的、能用手指拿的食物，比如小块的软水果，或煮透的蔬菜、谷物，切小块的鸡肉丁或鱼肉丁，奶酪块或煮鸡蛋。再给宝宝几个空碗碟，鼓励他把各种食物混合搭配在一起，或是把食物从一个碗移到另一个碗里。如果宝宝已经掌握了开关盖子的技巧，你就可以给他几只带盖子的塑料容器，鼓励他自己打开。

晃起来，宝宝

【目的】训练宝宝的听觉反应，培养宝宝的节奏感。通过鉴别不同的声音可以训练宝宝耳朵对音色和音量的识别，而通过跳舞、摇摆或玩乐器则可以训练宝宝创造性表达。

【玩法】将大米、干豆或硬币分别装入几个小塑料瓶，把瓶盖拧紧后摇晃瓶子，然后把瓶子递给宝宝，并对它发出的独特声音做出评价；可以选几首熟悉的不同节拍的歌曲，鼓励宝宝随着节拍晃动瓶子和身体。

第十一章 11 ~ 12 个月的婴儿

能力发展与蒙台梭利训练

视觉

到了第 12 个月，宝宝两眼的调节功能已经比较好了，能区别垂直线与横线，能分别物体的大和小，目光能跟随坠地的物体。视觉能力发展较快，能有意识的集中注意力，视觉记忆也不断提高，宝宝喜欢认图片，并能够对物品的细小部分进行区别，比如一个带红色小花的玩具和一个不带红色小花的玩具。

听觉

到了第 12 个月，宝宝的听觉已经越来越灵敏了，并且对听音的理解与转化能力也越来越强。不仅能够听懂大人们一些简单的吩咐，而且还能够会意大人语调变换的含义，能按大人的指令行事。对一些轻音乐，比如“催眠曲”等会表现出愉快的情绪，而对于那些节奏强烈的声音，则会表现出不愉快。

嗅觉

第 12 个月也是宝宝嗅觉发展比较灵敏的一个时期，宝宝尤其喜欢那些芳香的气味，但偶尔用一些稍稍刺鼻的宝宝不太喜欢的气味（如酸醋），或者宝宝不小心拉的大便的味道等刺激一下宝宝，也能够增加宝宝的嗅觉经验，间接让宝宝知道大便的气味不好闻而不能随处大小便，养成良好的生活习惯。

味觉

12 个月宝宝的味觉已经和成人的能力大体相当了，对于自己喜好的甜味或者盐的咸味，宝宝会用表情表现出来。这个时候是宝宝味觉发育的关键期，这段时间最好让宝宝尝试尽可能多种类的食物增加不同经验。宝宝通过品尝各种食物，可促进对很多食物味觉、嗅觉及口感的形成和发育，也是宝宝从“流食——半流食——固体食物”的适应过程。如果在这个感受性较强的时期，

宝宝有了对各种食物的品尝体验，他会拥有广泛的味觉，以后就乐于接受各种食物。

语言

12个月的宝宝见到爸爸和妈妈时，能主动称呼“爸爸”“妈妈”，出现有意义的语汇，还会说“奶奶”“娃娃”“狗狗”等。宝宝还会使用一些单音节动词，如“拿”“给”“掉”“打”“抱”等，用来表示自己的一个特定的动作或意思。宝宝会利用惊叹词，例如“oh-oh”等。宝宝能听懂大人的命令，听故事的时候还会有表情反应等。

日常生活中宝宝可以和爸爸妈妈进行简单的语言对话了，虽然可能发音还不太准确，而且常常会说一些让大人莫名其妙的语言。爸爸妈妈呼唤宝宝的时候，他能用声音回应，或用一些手势和姿态表示出来，宝宝已经知道挥手是“再见”，拱手是“谢谢”等。这个月的宝宝能根据他所听到的声音模仿简单的发声，能够指认出周围常见的物品并能用自己的语言表述出来。宝宝不管用什么样的语言方式表达出来，爸爸妈妈都不要抢先阻碍了他开口的机会（如在宝宝发出“拿”的声音前，就将他想要的东西给他，阻断了宝宝讲话的机会），这样就会造成语言发展滞后，宝宝说出来后要给予表扬，而且不要故意学宝宝错误的发音，否则错误的发音就固定下来，以后很难纠正。

认知

这个阶段的宝宝记忆力发展飞速，已经能够指认身体的4～5

个部位，还能认出几种简单的动物，能够分清物品的大小，对生活中的各种事物都充满了好奇。宝宝将逐渐知道所有的东西不仅有名字，而且也有不同的功用，他将这种新的认知行为与游戏融合，喜欢用新方法玩玩具，而不是单纯的敲敲打打。比如，宝宝拿起电话的时候，已经不会满足于用整个手掌抓或是在桌子上敲，而是会细心地观察上面的按键，会用一个手指去按，宝宝可能已经会反射性地意识到，当爸爸或妈妈不在家的时候，用它就能找到他们。

宝宝开始深入探究事物的奥秘，隐约知道物品的位置，当物体不在原来的位置时，他会到处寻找。宝宝此阶段最主要一个成就是获得客体永久性的概念，也就是知道一个物体或人在眼前消失并不表示永远消失，物体或人依然存在着。宝宝已经具备了看书的能力，他们可以认识图画、颜色，能听大人的指令指出图中所要找的动物、人物。当然，这需要妈妈的指导和协助。宝宝对上升与下降的概念也有了初步的了解。另一方面，宝宝的自我意识也不断增强，开始要自己吃饭，自己拿着杯子喝水等，不断地模仿着爸爸妈妈的一切。宝宝可以识别许多熟悉的人、地点和物体的名字，也开始懂得选择玩具，并希望经常和爸爸妈妈一起玩。

社会交往

这个月的宝宝比以前更喜欢情感交流活动，还懂得采取不同的方式，已初步建立起害怕、生气、喜爱、妒忌、焦急、同情等感情。宝宝对父母的情感依赖也更加强烈，对特定的人有强烈的正面或负面的情绪反应。宝宝独自玩简单的玩具让他觉得惊奇时，宝宝也会突然自己发笑。此时的宝宝开始倔强，还会当众炫耀自己，当宝宝做了某件事引起爸爸妈妈或客人哈哈大笑或夸奖时，他会得意地一遍遍重复这个动作，逗别人高兴。宝宝已经能意识到什么是好，什么是坏，而且能够听从爸爸妈妈的劝阻，对大人们否定的语言、语气甚至眼神也能应答。比如听到妈妈喊“不要动、不要拿”的时候，宝宝会把正要拿起的物品放下，或者用手势表示自己简单的需要。

这个时候的宝宝还显示出更大的独立性，不喜欢被大人搀扶和抱着，喜欢自由自在的活动；但又喜欢和成年人交流，为了引起大人的注意，宝宝会主动讨好大人或者故意淘气；还特别喜欢模仿大人做一些家务事，希望尽可能多的得到大人的鼓励和肯定；宝宝还喜欢到户外去活动，观察外边的世界，对外面的小朋友表现出极大的兴趣，愿意与小朋友接近、游戏，即使只是看小伙伴玩耍，也会高兴得拍手。但是很多时候宝宝之间只是以物品为中心的简单交往，还不是真正意义上的交往。

智力开发

快满1岁的宝宝特别喜欢摆弄玩具及一切他感兴趣的东西，并且他对某种事物越感兴趣，观察和注意的能力也就越持久。如果此时爸爸妈妈能够借机引导宝宝多认识这种事物，或是借由这种事物让宝宝认识更多相关的事物，就能极大限度地提高宝宝的认知能力和对语言的理解能力。

此时的宝宝已经有了记忆力，他会记住一些熟悉的事情，当听到他所熟悉的儿歌时会显得非常兴奋地，并跟着儿歌的节奏发出“呼呼”的声音；当妈妈说到小狗的时候，宝宝不用看实物或图片就能明白妈妈指什么，并能有“汪汪”来表示。藏找东西是非常好的开发宝宝记忆力的游戏，而且大多数宝宝也会非常喜欢这个游戏，当然这需要爸爸妈妈和宝宝共同开心的玩耍，才会达到效果。

日常生活和实际活动是宝宝思维发展的源泉，而且完全可以借助宝宝的好奇心来发展。例如，在家里的时候可以在宝宝面前放一大盆水，然后让宝宝蹲着或坐着，看着爸爸妈妈将不同质地的东西，如塑料小鸭子、玻璃球、积木块等东西放进水里，让宝宝观察哪些东西会沉到水里，哪些东西会浮在水面上，也可以让宝宝把不同的东西扔进水里观察不同的变化。长时间进行这种训练，就会让宝宝明白，重的东西会沉到水里，而轻的东西则能浮在水面。

家长要明白的是，知识不全靠机械的记忆，知识更多的是在实践中发现获得，宝宝掌握规律性的知识越多，就越能促进判断和推理思维的发展。因此，要尽量让宝宝在玩耍中探索和获得知识，而不是呆板的教学；要多鼓励宝宝主动探索周围世界的奥秘，满足宝宝寻找事物原因以及事物间本质联系的求知欲望，引导他去多多发现身旁的事物。

平衡能力

此时的宝宝走路总是摇摇晃晃地像个醉汉，除了因为骨骼较软之外，平衡能力较差也是其中的一个原因。因此，此时锻炼宝宝的平衡能力，就显得尤为重要。

平时在家的时候，可以让宝宝学着爸爸妈妈的样子踮起脚尖走路。由爸爸在宝宝前面踮着脚走，让宝宝跟着模仿，妈妈在后面保护，直到宝宝能走得很好了，才可以脱离保护让宝宝自己来走。

也可以事先准备一些卡片，然后用几根曲别针把卡片别在一根长线上，爸爸妈妈在两边拉住长线，高度以宝宝伸手、踮脚尖能够到并摘下为宜，然后鼓励宝宝自己动手去摘卡片。如果宝宝刚开始够不到，或根本不愿踮脚的话，可以先降低一点儿高度或用手往下压压卡片，让宝宝一下就能摘下，体会成功的乐趣，激发宝宝更大的动力。一旦宝宝有了兴趣，就可以慢慢提高高度，让他踮脚自己够。刚开始踮脚的时候，可以先稍稍扶他一下，让他有安全感。

训练宝宝的方式多种多样，但无论哪种方法，都要注意做好防护措施，避免宝宝意外受伤。此外，训练还要适度，不能让宝宝一次练得太久，玩得太疯。再有，所有的锻炼游戏，最好都是由爸爸妈妈和宝宝一起进行，这样既能提高宝宝游戏的积极性和乐趣，也能有效增进亲子间的交流，使宝宝和爸爸妈妈的感情更为深厚。训练的方式切忌过于超前，揠苗助长，这不但无利于宝宝的成长，反而很容易使宝宝由于达不到目标而产生挫败感，长期下去很容易造成胆小、不自信的个性，严重影响宝宝的心理发展。

家庭环境的支持

室外活动

这个时候的室外活动，除了让宝宝沐浴阳光、接受新鲜空气以及开拓宝宝的认知世界之外，还要趁势发展宝宝的交往能力。可以让宝宝和邻居家同样大小的宝宝一起玩，引导宝宝把自己的玩具、小零食送给别的小朋友，让宝宝学会分享。还要教会宝宝一些社交礼仪，例如看到熟人的时候，先举着宝宝的手冲对方摆一摆，告诉宝宝笑一笑，这样时间一长，宝宝就学会了见到人要主动打招呼。此外，还可以教给宝宝一些简单的动作，例如举起食指，告诉叔叔阿姨“我 1 岁了”、准备回家的时候，冲着邻居家的阿姨和小朋友摆摆手，告诉对方“再见”等。

从宝宝开始懂得主动要求出去玩以后，就有“玩儿疯”的可能，他可能无时无刻地想要出去，比如喂饭的时候、洗澡的时候等，建议家长此时最好能固定宝宝每天外出活动的时间，让宝宝知道，到了那个时间才能出去，其他的时间都不出去。但是不要和宝宝讲条件，例如“吃完水果就带你出去”等，这会埋下宝宝今后爱和大人讲条件的隐患，必须注意防范。

玩具

快满周岁的宝宝能玩的东西也越来越多，比如能帮助他们锻炼行走技能的牵拉玩具，能帮他们发展动作技能的球类玩具，能训练手的精细动作的玩具如套环、套筒，能促进语言和认知能力的玩具如小动物、交通工具、图画书，能训练思维和动手能力的玩具如积木类拼搭的玩具等。再有，像沙子、水等，也是这个时期的宝宝特别喜欢玩的东西。

不管给宝宝什么样的玩具，家长都要知道，玩具并非越贵越好，更并非多多益善。例如，花几十块甚至上百块给满岁的宝宝买辆玩具小汽车，结果没过两分钟车玩坏了，宝宝不感兴趣了，反而对包小汽车的盒子很感兴趣，玩了很多天。这就说明，玩具应适合儿童心理发展的需要，特别要根据宝宝年龄特点来选择玩具，盲目地给宝宝买一大堆玩具，是完全没有必要的。

学脱鞋袜

这个月可以让宝宝自己用手脱去鞋袜，而不是用脚去将鞋袜踢掉。脱下以后，要将鞋袜放好，宝宝能够坐在小椅子上先将鞋脱去，然后把袜子脱去，把袜子塞进鞋里，把鞋放在平时放鞋的地方，然后再坐下来玩。如果宝宝全部完成，妈妈要及时表扬。这个可以让宝宝锻炼自理能力，养成把东西放在固定地方的习惯。

上台阶

这个阶段，家长带宝宝从外面回家时，牵着宝宝上台阶。初学时，宝宝会先迈上一级，双脚站稳后再迈第二级，爸爸或妈妈可以在宝宝上台阶的时候替宝宝数数，一级、二级、三级地一直数上去，宝宝一面学上台阶时一面学数数。让宝宝练习高空平衡。每上一级台阶身体要适应一种新的高度，在上台阶时身体的重心先落在下面的单足上，然后重心移动上了高台阶的单足，重心不断转移而使身体不断适应并保持新的平衡。

蒙台梭利潜能开发游戏

管子游戏

【目的】让球从管子里落下然后去抓球，可以锻炼宝宝的动作技能以及手眼协调能力，也能促进宝宝的参与意识；通过不同大小的球，还能帮宝宝区分大小。

【玩法】用大的塑料管或硬纸管把网球或其他软球（直径至少4.5厘米，以防宝宝把球放进嘴里）放入管子一端，将管子倾斜，这样球在里面滚下去，让宝宝从另一端把球取出来，重复几遍。换不同大小的球，让宝宝看哪些球能放进去，哪些放不进去。

宝宝投篮

【目的】宝宝练习瞄准，有利于提高手眼协调能力和大动作技能；如果家长在宝宝扔进球后大声数数，就会为宝宝理解数字打下基础。

【玩法】收集几个中等的球，然后把它们放入一个大一些的容器内，如洗衣篮、硬纸盒或塑料盆。给宝宝示范怎样把球倒在地板上，然后再把球一个个放入篮中。等他熟练后，让他往后站，试着把球扔到篮子里。在房间四周摆上几个容器，以增加难度，鼓励小运动员尝试不同的目标。

小猫吃鱼

【目的】训练宝宝的活动能力和抓取能力。

【玩法】画好几条鱼，涂色剪下，分列摆在2层以上的台阶上，让宝宝扮作小猫，家长一边说儿歌："小花猫，上高台，吃完鱼，走下来。"一边教宝宝自己走上台阶去拿小鱼（可蹲下，也可站在低层弯腰取高层的小鱼），再从台阶上自己走下来。

知识链接：蒙爸蒙妈育儿指南

孩子1岁前要注意的安全细节图示

房间

孩子一个人坐在桌子上，窗户大开，猫可能会跳到床上：这么多可以造成意外的因素！请谨慎。

浴室

这张图的中间，孩子安静地脱着衣服，但是他的周围充满了危险：水太热；一个老式的加热器；在他能触及的地方有一个剃须刀；门上有钥匙，让孩子有可能把自己反锁在屋里。

药柜

这张图片中的危险：药柜在孩子能够到的地方（60%的儿童中毒是由药品造成的）；插线板拖在地上。

第十二章
1 岁 ~ 1 岁半的幼儿

能力发展与蒙台梭利训练

语言

1 岁到 1 岁半是“被动的”语言活动期，其特点是听得多，说得少，理解多，表达少。这时期宝宝的语言特点是：以词代句，一词多义，重叠发音，以音代词，并伴有动作和表情。如说“妈妈”这个词，是代表一句话，可能是“要妈妈抱”，也可能是“妈妈不要走”，或是“妈妈给我玩具”，可能有多种不同的意义。有些词发音太难，宝宝常常以音代词，重叠发音。如以“喵喵”代表猫，“汪汪”代表狗。由于宝宝掌握的词少，常以动作来补充语言的不足。如要戴帽子出去玩，就会说“帽帽”并拍拍头，指指大门。这时期宝宝的语言发展一般能掌握 100 个词左右，但彼此之间差距很大，多者可达 200 个词左右，少者只能说几个词。宝宝说话少，并不都是语言发展落后，而往往是这些宝宝开口晚，但他能将听到的话都储存在大脑里，以后会突然开口，非常爱说话，词汇增加很快，甚至在短时期超过一些讲话早，说话多的宝宝。

爸爸妈妈在宝宝开口学单词并积极理解语言的时期，应利用各种机会与宝宝交谈，让他多听、多看、多理解日常生活中所接触的事物的名称，如衣、裤、菜、饭、花等。理解各种动作，如坐、走、抱、拿、吃等。理解爸爸妈妈对他的要求，如张嘴吃饭，摔跤爬起等。并能在理解的基础上模仿成人发音、运用单词来表达自己的愿望和要求。这时应该用实物、玩具、图片来启发宝宝学习。

认知

刚过周岁的宝宝对理性教育缺乏兴趣，对记忆性、理解性的东西很快就会忘记，集中注意力的时间也比较短。但宝宝越小，对感兴趣的事物和现象越容易着迷，喜欢长时间重复它。

到了 1 岁 2 个月左右，宝宝大约能够认出 10 种以上的常见物品，且对客观事物也有了从表象到抽象的认知能力。当宝宝看不到这些物品时，也能想象出这些物品的样子。宝宝已经能分清物体的形状，最先会认圆形，但很快就能确认方形和三角形，而且能指认出哪些生活用品是自己的。到了1岁半时，爸爸妈妈如果同宝宝一起看书时，会发现宝宝已经具备了心领神会的能力，并且能用声音和表情回答。

社交能力

不到 1 岁的宝宝很少会去挑战爸爸妈妈的权威，然而到了 1

岁以后，就会有所变化了，他不想吃的东西，爸爸妈妈很难再按照自己的想法喂给宝宝。不喜欢的东西宝宝会毫不犹豫地扔到地上。如果爸爸妈妈强烈干预，就会招致宝宝大声哭闹或大呼小叫。

到了 1 岁半的时候，宝宝开始对小朋友有亲近感，但不会主动与小朋友在一起玩。这个年纪不要奢望宝宝会与别的小朋友分享，对他来说，自己的就是自己的，把别人的东西据为己有和独占自己的东西，也是宝宝有独立意识、保护自己权利的一种表现。

随着月龄的增加，宝宝开始逐渐喜欢和小朋友在一起玩，并慢慢地学会分享，这对宝宝的心理发育是很重要的，学会与人分享，是良好人际关系的开端。

自我意识

1 岁宝宝的自我意识，表现为知道自己的名字，对周围充满好奇，会根据别人的反应来调节自己的行为。同时，凡事都要自己去做，并能较好地独立完成一些基本的事情，如自己吃饭、穿衣、收拾玩具等。

宝宝的自我意识，是随着自己力所能及的事情增加而增加的。因此，要尽量让宝宝在感兴趣的事情上自己动手，或者用“你可以自己来试一试”这种方式来诱惑宝宝去动手，例如让他们自己用手抓饭吃，自己穿鞋，自己拿出玩具、收拾玩具等。

平衡能力

一个人长大之后的平衡感和小时候的训练是分不开的，而小时候的平衡感训练是从“头”开始的。可以说，抬头是我们一生当中进行的第一个具有革命意义的动作，那意味着我们已经开始感受到平衡了，没有平衡，人类至今都无法行走。

人的平衡感是否有天生的强弱呢？事实上未出生的宝宝在孕期的第 5 个月时，耳朵里面精密的平衡系统就已经发育成熟，一出生就能正常工作了。只是出生后宝宝的脖子还没有力气，不能完成各种动作，但宝宝的平衡感是有的。

帮助宝宝锻炼平衡能力，可以从日常生活中去寻找一些机会。例如，端塑料水杯（水杯里可以适当放一点儿温水）的时候，走路的时候，还有玩耍的时候，都可以有意识地训练宝宝。

常见的方法有：爸爸跷起二郎腿，让宝宝坐在翘起的那只腿上面，然后扶着宝宝的双手，开始晃动腿，让宝宝用双手来控制平衡，当然爸爸的双手是不能离开的。或者让宝宝端着一个水盆走路，盆中放少量温水，走路时让宝宝尽量不要弄洒盆中的水；或者是让宝宝用头顶住布娃娃等轻一点儿的东西，看看能走几步。和宝宝玩投球的游戏，选择一些轻柔的皮球，投给宝宝让他接住，在接球的动作中，宝宝也会自动地谐调身体各部位的平衡。

好奇心

一个身体健康的 1 岁多宝宝，好奇心是非常强烈的，他们从什么都要往嘴里送的阶段走向了用手去感知的阶段，生活中他们会用手摸任何摸得着的东西，把手指伸进小孔中，想要看看玩具里面有些什么东西，等等。

宝宝这一阶段的好奇心是不用刻意去培养的，如果一个宝宝对什么都没有兴趣，精神状态不佳，那么爸爸妈妈要带着宝宝去医院看看是不是身体不舒服，或者心理上有压力。

有的宝宝虽然好奇心很强烈，但是也十分胆小。遇到新事物的时候会害怕，不敢去碰一下。这时候需要爸爸妈妈去鼓励他，并给他示范。例如，摸摸动物，和新朋友握握手等，宝宝会在多次演习之后自己学会。

爸爸妈妈可以和宝宝玩猜猜有什么的游戏，用一个塑料的不透明的盆罩住宝宝平时爱玩的玩具，然后问问“里面会有什么呢？”然后打开一看，原来是布娃娃，这样的游戏会引起宝宝的兴趣参与游戏。或者用多个小盆，猜猜糖果在哪个盆下面。但是在玩这样的游戏的时候，要注意安全，不要用瓷器，怕摔坏后伤害到宝宝。

模仿力训练

宝宝很多能力都是通过模仿而获得的，可以说爸爸妈妈要做的不是培养宝宝模仿能力，而是激活宝宝模仿的兴趣来。

这里又要提到故事书的作用。一般有插图的故事书都会画上各种动物、小朋友等，这时候爸爸妈妈可以在讲故事时加入一些动作，例如大象、鸭子、飞机等，这也需要家长发挥想象力，在家长的感染下，宝宝也会跟着模仿起来的。

在扮演图书中的故事的时候，爸爸妈妈和宝宝可以轮流来扮演不同的角色，比如说动物大会相关的故事，可以今天宝宝扮演大象，明天宝宝扮演鸭子，这样就能增加他模仿的机会。有时候爸爸还可以模仿动物的叫声，让宝宝猜猜是什么样的动物。不过这种模仿能力是基于宝宝对被模仿者本身有一定的了解基础之上的。

走路训练

1岁多的宝宝有很强的走路的欲望，这也许是由于人类的天性中有一种追求自由的本能。当他们可以站立的时候，就希望能很快跑起来。可以说学走路的心情，宝宝比任何人都心切。

宝宝开始学走路的时候，很多人用学步车来教宝宝走路，但是也有人反对用学步车。总结起来，主要是这样一些方面：

好的方面

1. 降低了宝宝学走路的难度，使宝宝能轻易成功地独立行走。

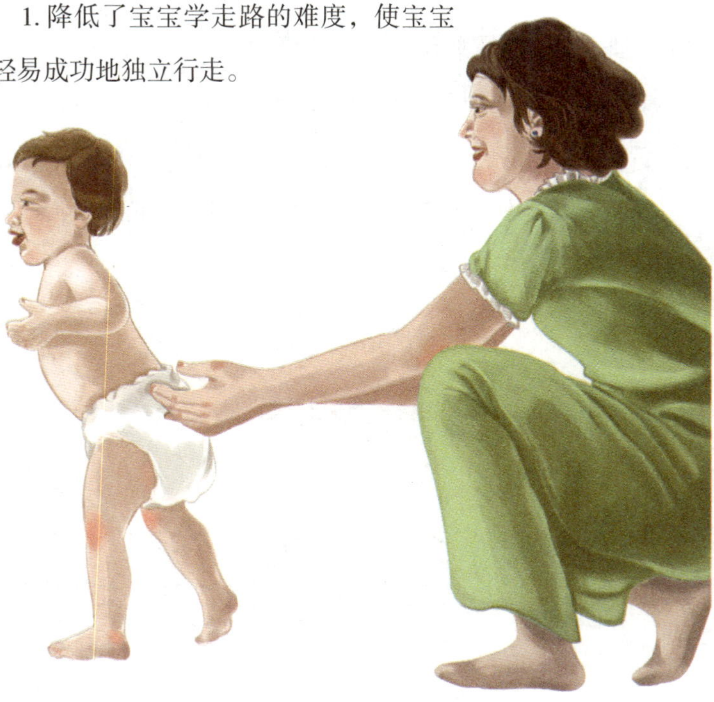

2. 比扶桌腿或其他物品学走更稳当。

3. 解放了家长，不必夹着、扶着、拉着宝宝学走路等。

不好的方面

1. 限制了宝宝自由活动的空间。

2. 减少了宝宝锻炼的机会。正常的学步过程需要宝宝运用身上的各种肌肉，达到身体的平衡，哪怕是摔倒，也对他的成长有好处，摔倒之后站起来更有自豪感，对增强其自信心很有好处。

3. 容易发生意外。有的妈妈认为宝宝有了学步车，可以自己玩一会儿，自己就去忙别的。如果这时候正在煮东西，是非常危险的。宝宝可以靠近煮着的东西，如果伸手勾把手，后果不堪设想。

4. 宝宝容易罗圈腿。由于宝宝在使用学步车的时候没有很好地运用肌肉，腿容易变形。

总体说来，使用学步车的弊大于利，所以，妈妈们还是不辞劳苦地帮助宝宝学会自己走路吧，这个过程一般一个月，在学习走路的过程中，也增加了亲子之间的互动和情感交流，一举多得。

家庭环境的支持

玩具

1 岁到 1 岁半的宝宝一般来说是学习走路的关键期，在精细动作方面，1 岁到 1 岁半会乱画，有意识叫爸爸妈妈，能够听懂家长简单的语言和简单的指令，会指认自己的五官，用单一表情、手势表达意见和需要。在这个基础上，推介宝宝可以选择下面几类的玩具。

木制的学步车

宝宝可以通过彩色玩具车来对车的结构的认识，不同的颜色可以提高颜色的辨别能力，还可以锻炼宝宝的手脚灵活性。让宝宝在玩学步车的过程中，让宝宝知道上面有什么，让宝宝自己推动小车，还可以告诉宝宝们小车上有哪些颜色，可爱的小动物增加了宝宝的兴趣，宝宝在玩的过程中还以边玩边数，最重要的是宝宝可以在推动学步车的时候学习走路。

木制拖拉走动的玩具

一岁左右因为宝宝刚刚学会走路，所以对走路非常喜欢，我们可以让小家伙用小推车或者小拖车做一些送东西的游戏，反复地教宝宝说并且明白、来、去、送一两个字以内的话。在这个时

期，当我们宝宝拉着这些会走动的小车或小动物走的时候，他们会觉得非常有趣，而且慢慢地他们就会从这种游戏中理解一根绳子原来是可以拖动玩具行走的。这样玩具比那些用干电池遥控的玩具对宝宝发育更有帮助。爸爸妈妈在玩的时候给宝宝讲故事，引导宝宝的思维，发挥想象力，增加游戏趣味性。培养宝宝对事物充满好奇和神秘，从而提高宝宝对学习的积极性。

木制蔬菜水果切切看、角色扮演类仿真玩具

这些像是一种生动而形象的“过家家”游戏，仿真的面包、水果、蔬菜能够让宝宝在游戏中体验日常生活中的基本小常识。这些玩具会让宝宝对面包、水果、蔬菜有一个感性的认识，训练宝宝手指的灵活性；培养宝宝以正确的姿势使用小刀，训练宝宝的手眼协调能力；准确使用木刀切东西，培养宝宝等分概念，和睦可爱的一家人，让宝宝融入其中培养良好的亲情、友情、体会家的魅力与温馨，提高宝宝对生活无限探索的兴趣。

学习用杯子喝水

应该锻炼 1 岁多的宝宝独立喝水，具体的步骤建议如下：

1. 先给宝宝准备 1 个不易摔碎的塑料杯或搪瓷杯。带吸嘴且有两个手柄的杯子不容易抓握，还能满足宝宝半吸半喝的饮水方式；应选择吸嘴倾斜的杯子，这样水才能缓缓流出，以免呛着宝宝。

2. 开始练习时，在杯子里放少量的水，让宝宝两手端着杯子，爸爸妈妈帮助他往嘴里送，要注意让宝宝一口一口慢慢地喝，

喝完再添水。千万不能一次给宝宝杯里放过多的水，避免宝宝呛着。当宝宝拿杯子较稳时，爸爸妈妈可逐渐放手让宝宝端着杯子自己往嘴里送，这时杯子里的水也该渐渐增多了。

3. 宝宝练习用杯子喝水时，爸爸妈妈要用赞许的语言给予鼓励，比如："宝宝会自己端杯子喝水了，真能干！" 这样能增强宝宝的自信心。

4. 爸爸妈妈不要因为怕水洒在地上或怕弄脏了衣服等，让宝宝停止用杯子喝水，这样会挫伤宝宝的积极性。

游玩场所

为了宝宝的安全，帮他建造一个玩耍的角落是十分必要的，一方面可以解决玩具无处放、宝宝找不到自己的玩具的问题，另一方面可以让父母放心地让宝宝在角落里面自己玩，不用担心他跑远了找不到。

这样的角落可以像肯德基里面的儿童游乐区，有一些简单的娱乐设施，滑滑梯什么的，如果条件不允许的话，给宝宝的角落垫好拼图板，用小箱子装一些玩具也能玩得津津有味。

注意的是，宝宝玩的角落最好不要有书柜、衣柜这样的设备，更不要摆放复杂的装饰，最好是在比较空而开阔的地方，头上没有东西，也没有插座和电线走过。

蒙台梭利潜能开发游戏

找朋友

【目的】练习简单社交礼仪，增加宝宝的社会交往意识。

【玩法】全家人围坐在一起，宝宝一边蹦蹦跳跳地走，一边拍手念儿歌：“拍拍手，向前走，向前走，找朋友，找到朋友握握手。”念完，宝宝握住爸爸（或其他人）的手说：“我和爸爸是好朋友！”爸爸就跟宝宝一起说：“好朋友，好朋友，握握手来点点头！”便说边做动作，然后宝宝再重复念儿歌，找其他人做朋友。

玩沙子

【目的】训练宝宝的小动作技能，刺激他的触觉。

【玩法】找一个有沙子的地方，如沙滩上或是操场上，家长先向宝宝示范怎么使用工具在沙子里做出图案，如用耙子拉出直线和波浪线、用烤盘压出大大的圆形、用空的酸奶盒和湿沙垒起高塔等。还可以向宝宝示范怎么一抹或倒水，就能拆除他的沙子杰作，然后让宝宝重新独立创作，做几次都可以。

捉迷藏

【目的】锻炼宝宝对声音的识别能力和辨认能力，增强宝宝的愉悦感。

【玩法】家长可以躲起来，对宝宝喊："我藏起来了，快来找我"。当宝宝寻找时，家长可以用声音鼓励他走近。当宝宝顺着家长的声音寻找到自己后，要拥抱和祝贺他。还可以教宝宝藏起来，通常他会露出小腿或小手在外面，家长假装没看到，然后看到宝宝时假装大吃一惊。

第十三章
1岁半～2岁的幼儿

能力发展与蒙台梭利训练

语言

接近2岁的宝宝可以理解家长简单的要求和命令。“不要碰电器”“不要开开关关冰箱门”等，宝宝是可以听懂的。但是这个年龄段的宝宝对“不要”这个词往往有“免疫力”，有时候大人越是说“不要”，宝宝越是会“要”。那么家长不妨换一种说法。例如，“不要碰电器”可以变成“电器可能漏电，会伤害宝宝，我们远离它”；“不要开开关关冰箱门”可以变成“冰箱会坏掉的，那样我们就不能吃冰西瓜了”。

可不要觉得这样说很麻烦，因为家长在这样说的同时，宝宝就在理解自己的行为可能带来的后果。这对宝宝来说是一种理解能力的锻炼。

另外，家长还可以在和宝宝讲故事的过程中培养宝宝的语言理解能力。在讲故事的过程中，增加一些丰富有趣的语言，帮助宝宝理解剧情，也可以增加他的词汇量。

当宝宝对家长的话没有什么反应的时候，可能就是没有听懂。这时候家长要用另外一种方式表达。有时候表情、肢体语言比我们的话语更能传达出丰富的信息来。

模仿力

由于2岁左右的宝宝能跑能跳了，相应的模仿能力也就更强了。模仿青蛙的时候可以双脚跳，模仿鸭子的时候会把手放在身后慢慢地走来走去。这个时候模仿已经不是什么很困难的事情了。

但有时候不是宝宝肢体上不允许做模仿的动作，而是宝宝脑袋里对模仿的对象没有概念。没有看过鳄鱼的宝宝是无法模仿鳄鱼的；见过静静地潜在水里的鳄鱼的宝宝，也还是很难找到模仿的点。所以需要家长亲自做示范，最好是爸爸来做示范。

我们今天怎样来模仿鸵鸟，往往是我们看到别人怎么模仿就跟着模仿，可见模仿力本身是需要创意和想象的，而这是最难的一步。当宝宝自己想出来一种模仿的方式时，家长要及时鼓励和配合。为了增强宝宝的模仿能力，可以带他去各个地方看看，动物园是必去的地方之一。另外，除了形态上的模仿能力之外，还有声音模仿，学别人说话的声音也是模仿，但是小宝宝模仿别人的时候也许会学会骂人的话，家长不要鼓励这样的模仿。让宝宝学绘画也是一种模仿，2岁的宝宝只能画简单的圆形和线条，但这样也可以开始写写画画了。如果宝宝画人物，可能掌握不好比例，但他们对大的肢体位置还是能掌握的。一切创造都是从模仿开始的，家长可不要因为觉得模仿不文雅，就禁止宝宝去模仿。

认知

宝宝的形状感知能力进一步提高。宝宝不仅仅局限于知道物品的名称，他渴望家长给他讲解关于这个物品的知识。当宝宝遇到困难时，会尝试着不依赖大人帮助的情况下自己解决问题；当别人夸宝宝的时候，会表现得特别高兴，宝宝开始凭借经验做事，喜欢看镜子中的自己；可以分出自己的左右手，能够记住他曾经感兴趣的事情或事物，能够清晰地回忆起他曾经玩过的东西；能够区分物品的大小，能够比较出一些不同物品的差异；宝宝现在对想要做的事情特别有主见。注意力集中时间延长，记忆力增强；宝宝能够在头脑中形成图像、组织分类，并按顺序排列东西等；宝宝越来越意识到男女的区别了，女宝宝会开始模仿女性的行为，而男宝宝则会模仿男性；通过重复看一本书、玩一个游戏，体验规律和顺序。

社交能力

2 岁的宝宝独立性不断增强，开始有了自律能力，并特别在意自己的感受。宝宝开始尝试着做自己喜欢的事情，开始感受父母对他的情感。宝宝开始喜欢和小朋友玩耍，但还缺乏合作精神，还不懂得和小朋友分享快乐。

协调力训练

如果父母是瑜伽爱好者，可以带着宝宝一起做瑜伽。瑜伽是一种很好的训练肢体平衡的运动方式。另外，小区里面常见的健身器材中，有很多也是全身调动，手脚并用的。父母可以带着宝宝去玩一玩。

很多音乐小神童都是从一两岁开始学习乐器的，而乐器最大的好处就是可以训练手、脚、脑之间的协调性。如果有条件也可以让宝宝去学一学乐器，但不要抱着发现一个音乐天才的功利想法来做。

绘画也是一种协调能力训练的方式，如果宝宝不爱画画，可以让他从涂颜色开始。一般的宝宝都喜欢涂颜色。宝宝可以根据参考图的颜色来涂上相应的颜色，这是一种手与眼的配合。此外，练习翻书、模仿动物等，也是在训练宝宝的协调能力。

让宝宝自己学习穿衣服和脱衣服也是很好的一种方式。

家庭环境的支持

陪幼儿看图讲故事

适宜2岁左右的宝宝看的图画书渐渐多了，但是大部分都是引自国外的，有一些可能对中国的小宝宝来说有点儿理解难度，需要父母讲解。

给宝宝讲图画书上的故事，并不是想象中那么简单的事情。因为宝宝的理解能力可能会没有父母想的那么好，有时候父母讲了半天宝宝还是不知所云。为了避免这种情况，父母要在讲解的过程注意宝宝的反映，用他生活中用得到的语言来讲故事。

讲故事的时候和宝宝一起面朝着图画，让宝宝坐在你的怀里听故事，看图。如果要训练宝宝的听力，可以让宝宝坐在对面听自己讲，然后请宝宝复述。

讲故事就是简单的情感交流，父母不要抱着强烈的教育的目的，要宝宝记住三字经中的典故，这样会增加故事的难度，让宝宝心理上有负担，喜欢听故事的宝宝也变得不热心了。

多鼓励幼儿

1 岁半以后的宝宝是可望得到鼓励的，所以家长不要忽略了宝宝这颗小小的心灵。当宝宝自己穿衣服，自己吃饭，自己玩耍和看图的时候，妈妈要肯定他。

有的父母虽然很愿意给宝宝鼓励，但除了说“你真棒”“加油吧”之外就没有更好的说法了。其实，指向明确对宝宝来说很重要。宝宝有帮忙做事情的欲望但是不太自信的时候，妈妈可以提前假设如果这件事情做好了会怎样，帮助宝宝往好的方面想。例如，宝宝想要和陌生的小朋友玩但是又有点儿怕生，这时妈妈可以说：“那个小孩也一定想和我们宝宝玩呢，你们在一起一定能玩得很高兴”“他一定会喜欢你的，因为你是一个懂礼貌的好宝宝。”这种暗示对宝宝来说很有效。

如果宝宝摔坏了东西、弄丢了东西，也不要责骂他，哪怕东西很贵重。我们是在养育宝宝，而不是在保护器物。宝宝的成长过程中总会有一些小损失，但那是值得的。

念儿歌

儿歌朗朗上口，语言简单，贴近生活，是很好的学习工具。现在有专门的儿歌专辑和儿歌书，爸爸妈妈可以和宝宝一起学习儿歌。2 岁以后，如果有条件可以给宝宝放一些英文儿歌，和他们一起唱。但需要爸爸妈妈帮助解释里面的意思。

蒙台梭利潜能开发游戏

搔痒痒

【目的】增加宝宝的愉悦感，提高宝宝的记忆力。

【玩法】把宝宝的手掌心朝上，放在爸爸或妈妈的左手上。一面唱童谣，一面配合着节奏做动作（父母右手的动作）：

“炒萝卜，炒萝卜，（在宝宝手掌上做炒菜状）

切——切——切；（在宝宝胳臂上做刀切状）

包饺子，包饺子，（将宝宝的手指往掌内弯）

捏——捏——捏；（轻捏宝宝的胳臂）

煎鸡蛋，煎鸡蛋，（在宝宝手掌上翻转手心手背）

砍——骨碌头！（伺机向宝宝搔痒）”

当宝宝对歌谣内容熟悉后，可以反过来让宝宝一边念歌谣，一边重复上述动作，爸爸妈妈可以适当地给宝宝提醒，引导宝宝接下来要做什么。

打气球

【目的】训练宝宝的手脚协调能力和动作力量。

【玩法】爸爸或妈妈用手吊一个气球，高度随时调节，让宝宝伸手跳起拍击；也可把气球抛给他，让他用脚踢，在游戏的时候可以用儿歌鼓励：“打球、踢球，宝宝，玩球！”

粘贴纸

【目的】训练宝宝的语言理解能力、对事物的认知和方位感。

【玩法】准备一些不同颜色的粘纸，让宝宝把花花绿绿的粘纸根据爸爸或妈妈的要求，贴到爸爸或妈妈的鼻子上、后背上或鞋子上；也可以让宝宝贴到自己的肚子上，脸蛋上；还可以叫他贴到椅子上、沙发上或杯子上。宝宝贴对了就给予表扬，错了就给予启发和纠正。在宝宝贴的时候，爸爸或妈妈可以念儿歌："贴，贴，粘贴纸，宝宝贴对（错）了！"

知识链接：蒙爸蒙妈育儿指南

孩子会走路后要注意的安全细节图示

起居室

孩子一个人打开了房门。赶快去帮他下楼梯，那儿没有栅栏。

针线筐必须放在宝宝够不到的地方，因为他喜欢把所有能触及的东西放进嘴里。

厨房

厨房里的危险可能是最多的：盛着滚烫的咖啡的杯子放在桌边，锅柄转向外，刀就放在菜板上等。

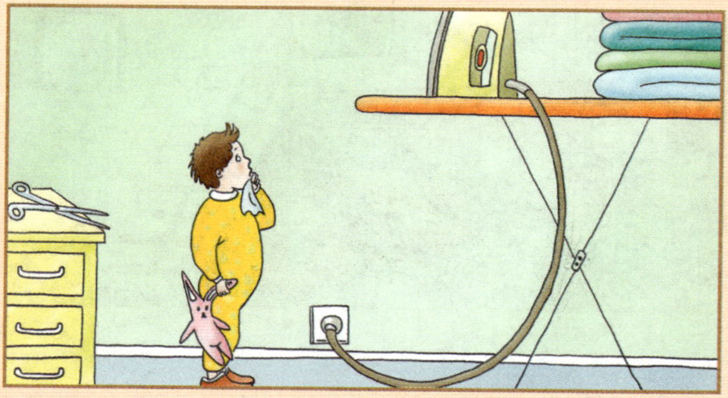

电熨斗

这个孩子着迷地看着电熨斗，而熨斗就放在熨衣板的边上，这很危险。而且，如果他转过身，剪刀就在不远处。注意，危险！

第十四章
2 岁～3 岁的幼儿

能力发展与蒙台梭利训练

语言

这时的宝宝进入了口语发展的最佳阶段。在这个时期，宝宝说话的积极性很高，特别爱模仿大人说话，语言能力迅速发展，掌握了最基本的词汇，可以用语言与他人进行基本的日常交流。2 岁半以后，宝宝渐渐地会掌握基本的语法和句法，会说出比较完整的句子，开始会用“你、我、他”人称代词，至此宝宝的语言能力进入了一个新阶段。

认知

2 岁半的宝宝大多能进行颜色命名，但正确率不高。他们这时候已经有自己喜欢的颜色了，红、黄、绿、橙、蓝等鲜明的颜色都很受这个年龄段宝宝的欢迎。

80% 的宝宝能用语言表达出物体大小的感觉，也能从大小不等的东西中找到自己想要的。但 2 岁多的宝宝对时间还没有明确

的概念，他们可能知道有关时间的词语，但不能正确地运用。一些刚刚教会的东西，隔几十天或几个月再看，还能回忆起来。

这个年龄段的宝宝的认知能力已经大大提高了，他们开始熟悉周围的环境，能够知道左右，对方位也有了感觉，并且知道常见物品的用途。如果宝宝还不能达到上述水平，父母可以有意识地帮助宝宝提高。比如给他购买一些颜色不同的玩具，给宝宝的小房间里布置不同颜色的装饰物品；可以悬挂一些小物品，在不同的层次安放各种装饰物，也可以自己画一些小汽车、飞机等和宝宝一起认。

这个阶段的宝宝模仿能力很强，所以父母在这个时候，就

不要再把宝宝当成什么都不懂的小不点儿了，要做好父母的表率工作。

社会交往

2～3岁的宝宝自我意识有了很大的发展，意识到“我”就是他自己，产生了强烈的独立性倾向，什么事都想要自己去做，尽管做不好也不要别人帮忙；有时表现为不听大人的话，对大人的要求产生对抗，宝宝已进入心理学上所称的“第一反抗期”。而且，宝宝想要与外界沟通的兴趣逐渐增大，希望与他人交往，希望有小伙伴。这时，如果让宝宝如愿和其他小朋友一起玩，却又很难玩到一起，这主要是由于他们的社会适应能力还有限，自我意识还比较强，所以家长应该多鼓励宝宝和小朋友一起玩。

独立性

对2～3岁的宝宝来说，有几样事情是值得骄傲的：不用尿布和纸尿裤了，可以自己吃饭了，可以说一些词汇来表达自己的想法，和大人在一起的时候渐渐拥有了“发言权”……这些对他们来说，都是人生中的一次跨越。

如果正处于上述变化的过渡时期，例如还不能完全去掉尿布，吃饭需要家长喂、说话不是很积极，发音也极不标准，那就需要爸爸妈妈的帮助，让宝宝顺利完成“蜕变”。

去掉尿布是一个循序渐进的过程，有的妈妈喜欢等宝宝完全能控制小便之后再抛弃尿布，有的妈妈宁愿让宝宝尝一尝尿裤子的苦头，也要强制性地换掉尿布。这两种都没有错，不过妈妈们需要明白，宝宝对新的环境和便盆、坐便器可能会有恐惧，由于紧张而便不出来也可能出现，家长需要帮助宝宝熟悉环境，不要让他们害怕厕所。有的宝宝很害怕冲水的声音，但是冲水几次之后，宝宝就会开始喜欢放水冲厕所。于是宝宝们会希望上厕所，这样他们就可以冲水玩了。

很多宝宝在第一次坐到坐便器上去的时候会害怕掉进去。宝宝坐在坐便器上的时候，家长要扶着宝宝，让他对坐便器不要有恐惧和排斥感。

不能自己吃饭的宝宝，多半是家长太宠爱他们了，其实让宝宝自己学会用勺子，对他们的平衡感和手腕的灵活度的提高都有帮助，家长应该把这样的学习机会还给宝宝。即使宝宝经常把米饭喂到自己的鼻子上，他们也会慢慢想办法下一次更准确一点儿。妈妈们要多给点儿耐心，让宝宝一步一步学会。

有的宝宝说话早，有的宝宝说话晚，但普遍在 2 岁以后都能请教长辈、说常用的词语。如果 3 岁以后还不能开口说话，家长要去医生那里看看宝宝的发音器官是否健康，或者是否有发音上的心理障碍。

很多家长在和宝宝说话的时候，不自觉地就用一种不自然的语气和语调，其实和宝宝交流，只要把语速稍为放慢一些，吐字清楚就可以了，没有必要说“宝宝们的话”。

模仿力

2 岁多的宝宝的家长们都会感慨，宝宝的模仿能力实在太强了。一般去医院看到医生给病人打针，宝宝们回家之后都能准确地模仿出推注射器、用棉签消毒、打针和按住针扎的地方这一系列的动作。看到爸爸刮胡子，男宝宝一般都会很感兴趣，学着刮自己的脸，所以，家里有一个超级模仿秀时，除了骄傲和惊讶之外，爸妈也要开始注意自己的言行了，因为宝宝正在观察你！

如果宝宝的模仿能力不是很强，对新事物也没有表现出很大的兴趣，那么爸爸妈妈可以引导宝宝开始模仿。如在床上模仿大象走路，和宝宝看完画册之后，可以和他一起模仿其中的动物、人物和对话。

生活中还有很多可以模仿的地方，比如公交车报站、开车、超市结账等，爸爸妈妈可以带着宝宝一起做游戏，来完成这些事情。

有的宝宝看到别的宝宝吃奶，他们会掀起自己的衣服给布娃娃或者动物“喂奶”，要不要阻止这种行为呢？或许在我们成年人看来，这样做不是很文雅，但小宝宝其实就是在简单地模仿而已，没有别的意思，家长没有必要批评他。很多小孩都经历过学妈妈哺乳的时期，过了这个时期就好了，有时候可能只会学一次就没有兴趣了。

创造力

创造力和注意力总是结合在一起的，宝宝的专注时间越长，他们越有可能进行创造性的活动。宝宝的注意力从 1 岁起开始不断地发展，一般来说，1 岁半时的注意力在 5 ~ 8 分钟，2 岁 10 ~ 20 分钟，2 岁半 10 ~ 20 分钟，到了 3 岁时间更长一点儿，他们能长时间地注意一个事物，自己也能独立地玩较长的时间。

如果家长给宝宝一些画笔和纸，2 岁的宝宝画出来的往往是不规则的圆和一些简单的线条，他们这时候还不能画出四边形、米字格。家长可以提供一些可供模仿的作品，买一些专门给宝宝学画画的画册或者积木。

如果宝宝开始模仿大人，或者模仿别人说话、做事，哪怕这些事情的内容不是很体面，家长也不要大惊小怪加以制止。让宝宝自由地模仿任何他有兴趣的事情，也是在培养他们的创造力。

合作精神

这个时期的宝宝主要还是和家人接触，有一些上了幼儿园或者托管班可以和同龄宝宝接触了，但“交际圈”还是很简单的。由于 2 岁的宝宝正处于形成自我意识的阶段，难免有自私、发脾气、极端和依赖大人的情况，这时候给他们讲道理会比较困难，要培养合作意识，也就只能从生活细节中下手。

例如，和宝宝一起上街，可以请宝宝帮忙提着轻一点儿的东西，并鼓励他做得好，让他觉得能帮忙做事情是一件很快乐的事情。家里来了客人，请宝宝拿出水果来招待别人，对方通常都会说“你真乖”“谢谢”这样的话，对宝宝积极做事情是有激励作用的。

如果宝宝特别不愿意将自己的东西让给别人，父母不要在这个时候强制拿走他的东西。等到事情过去，宝宝的情绪稳定之后，父母可以和他谈谈这个事情，告诉他不要再这样做。父母多给宝宝一点儿时间和机会做事情，他们会更乐于合作。

自我解决问题

宝宝在成长的过程中会遇到各种各样的问题，例如，吃饭不能准确地喂到嘴里、说话不清楚、尿裤子、和小朋友抢东西、走路经常摔倒等，随着年龄的增长，他们还会遇到新问题，哪怕成年之后，也还是要面临成年人应该面对的问题。所以，让宝宝拥有自己解决问题的能力，是一件让他们受益终身的事情。

对一个成年人来说，独立解决问题需要经验、判断力、执行力和耐心，还需要学会合作，其实这些对一个2岁的宝宝来说也是一样的。由于宝宝的经验很少，他们遇到问题的时候常常只能用自己最本能的方法来解决，但随着经验的增加，他们就会学会怎样处理问题。家长需要在出现问题的时候，给予指导而非直接替他们完成。

家庭环境的支持

游戏场地

这个年龄的宝宝在室内玩弄玩具的时间充其量不过 20 分钟左右。宝宝喜欢在室外玩，想骑三轮儿童车也是在这个年龄。开始只能是自己坐在车上让别人推着，或者是自己推着车子走。快到 3 岁时，就可以自己骑车子走了。

玩沙子、玩水，也是这个年龄的宝宝所喜爱的游戏。但是，无论有多少小铲、小水桶、小筛子，只有 1 个宝宝在沙场上也是玩不了多久的。玩水也是如此。如果来个同年龄的亲戚小孩一起玩，就可以玩个把小时，

如果同附近大些的宝宝一道玩水，就会把午睡的时间都玩忘了。

这个年龄的幼儿游戏，比起玩具来更需要的是游友，这一点做家长的应当明白。给宝宝提供游玩场所，还要给宝宝准备小伙伴。有了小伙伴才会玩得高兴。现在玩具也不再是与小朋友们一道玩的入场券了，而是成了在自己家里玩耍的私有财产了。所以，即使妈妈煞费苦心地把邻居的宝宝叫来一起玩，宝宝也不会把自己的玩具借给对方。

带宝宝去儿童公园打秋千和爬积木时，开始时会玩得很愉快。但是，如果宝宝被妈妈带着像做功课那样天天去做的话，他们或许就会感到这好像是一种强制劳动吧。这时，再跟他说去公园处，他就会说不愿意去。

在家里一边听收音机播放的童话故事，一边和妈妈合唱倒是件乐事。可是，如果只同妈妈一起唱是不会坚持下去的。宝宝能很快记住电视中的广告歌曲。

大多数宝宝迫不得已才一个人在家里玩积木、拼图、看摆小汽车、玩弄吃奶的木偶等。喜欢画画的宝宝会用蜡笔使劲地画画，但是还不会画人的脸。

在今天，比起考虑给宝宝买什么样的玩具来，更重要的是妈妈要想办法给宝宝找到游戏的伙伴。

给幼儿安全感

有的家长不主张在宝宝哭闹的时候不抱宝宝，提出“一哭就抱”的教育原则。虽然是否有必要做到一哭就抱，每个人都有不同的看法，但有一点是共识性的——那就是在宝宝哭闹的时候，要确保他不是因为没有安全感而感到害怕的。

有的人觉得吓唬吓唬宝宝也没有什么不好，给他们一点儿颜色这样以后宝宝就乖了。于是会对宝宝说“不要你了”“把你让到外面去”“不听话小心大灰狼来吃小孩”等，表面上看去好像很管用，宝宝一下子就不哭了，但事实上，宝宝是被迫听话，他内心除了委曲之外还有害怕的成分，缺少安全感的宝宝成长、发育都会比正常状态慢。

家长教育宝宝或者惩罚宝宝的错误时，一定要记住的一条就是，不能让他觉得自己是被抛弃了，也不要拿“不要你了”这样的语言来吓唬宝宝，或者对宝宝说“你是路边捡来的”“你是杜妈妈生的”，宝宝会信以为真，这样对他的成长不利。

性别教育

让孩子知道自己的性别，而且对异性有一定的认知。这里的有性别意识，和青春期之后的性别意识是不一样的，家长不用讲很多生理上的区别等，只需要告诉

他“你是男孩”“你是女孩”，同时也知道陌生人的性别就可以了。

很多家长觉得自己的儿子有点儿胆小害羞，像女孩一样，而女儿的个性又太野，和男孩子差不多，这时候该不该要求他们“男孩有男孩的样子”呢？其实，这种要求不是通过语言这种渠道来完成的，而是通过父母双方的示范实现的。孩子可以从父母身上感受到男女的区别，男孩会趋向于模仿父亲，而女孩则喜欢模仿母亲和姐姐。

如果是单亲家庭的孩子，家长则更需要用心。没有父亲的家庭里，家长最好能帮孩子找更多的男性朋友，如果有父亲形象的替代者，则更好。父亲对孩子的逻辑思维、性格和智商都有很重要的影响作用。

如果家里没有母亲，父亲需要对女儿温柔一些，另外注意他们的一日三餐和学习。到了 6 岁以后，就不要再把孩子当成没有性别的天使来看待，而是要用语言和行动来暗示他们，哪些事情不该做，哪些行为可以保护自己。

如果家长担心女孩在学校受欺负，可以告诉她，衣服遮住了的地方不要让别人碰，除非是医生检查。

培养自豪感

2 岁多的宝宝也有自豪感吗？答案是“有！”

如果让两个 2 岁多的宝宝帮妈妈拿衣架，一个妈妈对宝宝说“谢谢你帮忙，等衣服晒干了穿上一定很柔软。”另一个妈妈对宝宝什么也不说，那么下一次晾衣服的时候，被表扬的宝宝一定主动地帮助拿衣架，而另一个宝宝则可能不会表现出很大的兴趣。

宝宝 2 岁多的时候，对自己的认识是从别人的语言中获得的，如果爸爸妈妈不仅能表扬宝宝，而且可以让宝宝对自己的劳动有一个更明确的认识，这样有助于帮助宝宝建立自豪感。自豪是对自己的肯定和信心，也是和荣誉感紧密相连的一种宝贵情感。

多夸奖一下宝宝，肯定他的创造和想法，这是一种科学的教育习惯。

选择幼儿园

3 岁以上的宝宝会在集体生活中受益，因为在上学前，集体生活可以给他一个培养良好社交技能的机会，并且可以建立一种积极的学习模式。一个追踪宝宝接受早期学校教育的研究发现，那些接受高质量的幼儿园教育的宝宝，在语言和数学方面表现更优秀。他们大多能更好地集中精力，也更擅长交际，并且行为问题出现得比较少。如果你正在为宝宝寻找一个幼儿园，尽量选择一家满足下列条件的：

1. 气氛友好而快乐；

2. 干净且井井有条；

3. 那儿的宝宝看上去很喜欢他们的活动；

4. 宝宝向幼儿园的职员提出请求时很愉快；

5. 幼儿园的职员对宝宝说话很和气，对宝宝提出的要求也很和气；

6. 大部分的幼儿园的职员都是经过培训的；

7. 幼儿园提供的设备和活动都能很适合宝宝的个性——比如，一个非常活泼好动的宝宝，应该找一个有柔软的房间和户外运动场地的幼儿园。

蒙台梭利潜能开发游戏

海绵谜语

【目的】锻炼宝宝配对、分类和解决问题的能力以及手眼协调能力。

【玩法】准备几块薄而平整的海绵或工艺泡沫材料，用记号笔和小刀在海绵或泡沫中央割一些小图形，如心形、圆形、方形或星形，取出这些形状，放在一边，让宝宝将它们放回到正确的位置。

小图形找大图形

【目的】锻炼宝宝配对、形状和数数技能。

【玩法】剪好不同大小的三角形、心形、星形、圆形和方形各10个，然后拿5张纸板，各画上一个大大的三角形、心形、星形、圆形和方形，并在纸板上方写上数字1到9。教宝宝将与大图形一致的小图形找出来，并按数字相应粘在大图形上。

神奇的纸盒

【目的】锻炼宝宝的识别能力。

【玩法】把家里使用过的纸巾盒留下，往里面放一些玩具、糖果、水果等，让宝宝摸一摸，请他在拿出来之前说出名称，或者给他指令，请他按指令拿出东西来。对大一点儿的宝宝，家长可以给他否定的指令。如：“请你把不可以吃的东西拿出来”“请你把不是圆的东西拿出来”等。为了增加趣味性，也可以使用一些奖励的方法。比如拿对了糖果，就把糖果奖励给宝宝吃，拿错了，糖果就归妈妈吃等。

猜猜我是谁

【目的】锻炼宝宝的听觉判断能力，刺激宝宝的右脑功能。

【玩法】爸爸或妈妈在被窝里发出不同的动物的叫声，比如狼叫声、狗叫声、狮子的叫声等，让宝宝猜猜藏在被窝里的是什么动物。

第十五章
3岁～4岁的幼儿

能力发展与蒙台梭利训练

认知

3～4岁的幼儿具有明确的时间概念，还能回忆起一部分听过的故事，理解相同和不同的概念，但是他们的推理能力仍然是单方面的，只能从一个方面考虑问题。

社会交往

3～4岁的宝宝一般都上幼儿园了，会和老师、同学有交往，同时也会出现很多问题。例如不敢认识新人，不主动去和陌生孩子一起玩，不喜欢让别人碰自己的玩具，对很好的朋友也“斤斤计较”，等等。家长遇到上述情况往往会从“讲道理”“训斥”甚至打骂的角度解决问题，其实这样

做对纠正孩子的一些不良习惯并没有很好的效果。

同样是三四岁，为什么有的孩子合群，有的孩子不合群呢？我们需要了解是什么原因导致了孩子不合群。

一般来说，孩子不合群与家庭环境有重要关系。有的父母对孩子过度关切，事事代为安排，在这样的家庭中成长的孩子就很少向人打招呼，因为总是父母先开口，教他叫叔叔或阿姨。还有的父母对孩子管得过严，平时不准孩子串门、找小朋友玩耍。长期失去了与人交往机会的孩子，也会习惯性地畏惧陌生人。如果父母的感情不和，孩子很容易在学校表现出暴躁、偏执或者孤僻的倾向。

家长如果发现孩子不太合群，不必过分担心，或者说“你怎么这么胆小”之类的话，只要家长抽出时间来亲近孩子，他们很容易在交往上树立兴趣和信心。

比如说节假日，可以带孩子去公园或亲朋好友家走走，积极创造条件让孩子与小伙伴一起玩耍。在这个过程中，父母开始时可陪伴在旁与他们一起做游戏，当熟悉之后可让他们自己玩。如果孩子之间发生了纠纷，家长不要只站在自己的孩子立场上去说话，也不要只批评自家的孩子。在处理小朋友的矛盾时，家长要鼓励孩子说说自己的想法，另外鼓励相对弱势的一方积极争取属于自己的游戏权利。不论是和谁的小孩在一起玩，也不论孩子之间的年龄相差多大，家长都要做到一视同仁。

鼓励孩子参加体育活动也是一个很不错的培养交往能力的办法。体育是一种直接与人正面接触和竞争的群体活动。鼓励孩子经常参加各种体育活动，既有利于提高孩子的身体素质，培养兴趣，也有利于提高交际能力。如果孩子在上小班，家长可以问问他今天有没有做游戏，做得怎么样等。让孩子回忆在学校和哪些人一起玩，成绩怎么样等，也是在帮助孩子体验合作的乐趣。

自理能力

3 ~ 4 岁幼儿的肢体基本动作已经比较协调，也有了自理的愿望，如果父母引导及时，就能帮助孩子在这个阶段养成独立生活的能力，家长们可以参考以下几个方面：

在讲故事的过程中，有意识地让孩子知道“自己做”

比如给孩子讲了《大公鸡和漏嘴巴》的故事后，孩子进餐时就能有意识地看看自己是不是拖拖拉拉或者是个“漏嘴巴”;《三只小猪》的故事能让孩子明白，要想住进安全漂亮的房子就要不怕苦不怕累，动脑筋等。通过孩子经常接触到的文学作品中的情节来培养孩子的自立意识，是一件潜移默化的也极容易做到的事情。

让孩子尝试一些平时我们会帮忙做的事情

例如，吃鱼的时候，家长可以先让孩子观察大人是怎样摘鱼刺的，之后让他动手自己摘，家长在旁边指点；如果妈妈要去买菜，可以请孩子帮忙提着空篮子；如果有条件住在乡下，可以让孩子一起去田间摘瓜果，这些对孩子来说都是非常有趣的事情。

用儿歌，让孩子学习穿脱衣服

处于这个阶段的孩子思维的特点还是以直觉行动思维为主，他们的模仿性强，儿歌对他们来说是最合适的一种学习方法。

穿脱衣服对这个年龄段的孩子来说有一定难度。如果家长对孩子说“先解开纽扣，再扯一边的袖子……”孩子一个是根本听不进去，另外下一次还会忘记。如果家长能用一些儿歌来引导孩子，效果就会好一些。例如，《穿衣歌》：抓领子，盖房子，小老鼠，出洞子，吱溜吱溜上房子……《叠衣歌》：关关门，关关门，抱抱臂，抱抱臂，弯弯腰，弯弯腰，我的衣服叠好了……妈妈一边唱着这些儿歌，一边鼓励孩子跟上节拍，他们在不知不觉中就能学会常见衣物的穿脱。

如果你的宝宝常有左右脚穿反的现象，妈妈可以和孩子一起“问问脚踇趾”：如果脚踇趾舒舒服服地，那就穿对了；如果脚踇趾被挤着，说明它不愿意这样穿，再脱下来重新穿。

其实我们回忆自己的成长经历，很多人已经不记得自己是怎样学会穿鞋子、拿筷子的了，好像自然而然就会了。自理能力确实是一个时间加锻炼的过程，家长千万不能操之过急。有的妈妈对 4 岁的小孩非常严格，训练他们自己起夜上厕所、10 分钟内穿衣起床、主动请教长辈等，有一些成功的案例，但家长们不要以此为一个“竞争标准”，有的孩子成长节奏会比别人慢一些。

如果孩子表现出很优秀的自理生活能力，家长可以鼓励一下，但不要以此作为炫耀，经常在家人朋友面前炫耀，这样会滋长孩子不健康的好胜心；对于自理能力差的孩子，家长们要反思一下是不是自己平时做得太多了，或者是没有给孩子教方法，不要批评孩子，影响他的自信心。说到底自理生活谁都能学会，只是早晚的问题。

创造能力

3～4岁是培养幼儿创造性的黄金时期，我们可以看看著名的蒙台梭利教育法中对孩子成长敏感期的总结：

语言敏感期（0～6岁）

孩子开始注视大人说话的嘴型，并发出牙牙学语的声音，就开始了他的语言敏感期。学习语言对成人来说，是件困难的大工程，但幼儿能容易的学会母语正因为儿童具有自然所赋予的语言敏感力。因此，若孩子在两岁左右还迟迟不开口说话时，应带孩子到医院检查是否有先天障碍。语言能力影响孩子的表达能力。要为日后的人际关系奠定良好的基础。

秩序敏感期（2～4岁）

孩子需要一个有秩序的环境来帮助他认识事物、熟悉环境。一旦他所熟悉的环境消失，就会令他无所适从，蒙台梭利在观察中，发现孩子会因为无法适应环境而害怕、哭泣，甚至大发脾气，因而确定“对秩序的要求”是幼儿极为明显的一种敏感力。幼儿的秩序敏感力常表现在对顺序性、生活习惯、所有物的要求上，蒙台梭利认为如果成人未能提供一个有序的环境，孩子便“没有一个基础以建立起对各种关系的知觉”。当孩子从环境中逐步建立起内在秩序时，智能也因而逐步建构。

感官敏感期（0 ～ 6 岁）

孩子从出生起，就会借着听觉、视觉、味觉、触觉等感官来熟悉环境、了解事物。3 岁前，孩子透过潜意识的“吸收性心智”吸收周围事物：3 ～ 6 岁则更能具体地透过感官判断环境里的事物。因此，蒙台梭利设计了许多感官教具，如听觉筒、触觉板等以敏锐孩子的感官，引导孩子自己产生智慧。您可以在家中用多样的感官教材，或在生活中随机引导孩子运用五官，感受周围事物，尤其当孩子充满探索欲望时，只要是不具危险性或不侵犯他人他物时，应尽可能满足孩子的需求。

对细微事物感兴趣的敏感期（1.5 ～ 4 岁）

忙碌的大人常会忽略周边环境中的细小事物，但是孩子却常能捕捉到个中奥秘，因此，如果你的孩子对泥土里的小昆虫或你衣服上的细小图案产生兴趣时，正是培养孩子喜好观察细微事物习性的好时机。

动作敏感期（0 ～ 6 岁）

2 岁的孩子已经会走路，最是活泼好动的时期，父母应充分让孩子运动，使其肢体动作正确、熟练，并帮助左、右脑均衡发展。除了大肌肉的训练外，蒙台梭利则更强调小肌肉的练习，即手眼协调的细微动作教育，不仅能养成良好的动作习惯，也能帮助智力的发展。

社会规范敏感期（2.5 ～ 6 岁）

两岁半的孩子逐渐脱离以自我为中心，而对结交朋友、群体活动有了明确倾向。这时，父母应与孩子建立明确的生活规范，日常礼节，使其日后能遵守社会规范，拥有自律的生活。

书写敏感期（3.5 ～ 4.5 岁）

进入书写敏感期的孩子，一般需要经历用笔在纸上戳戳点点，来来回回画不规则的直线，画不规则的圆圈，书写出规整的文字等几个阶段。只要家长适时给宝宝创造书写的环境，那么他的书写敏感期就会提前出现或者爆发得更为猛烈些。

阅读敏感期（4.5 ～ 5.5 岁）

孩子的书写与阅读能力虽然较迟，但如果孩子在语言、感官肢体等动作敏感期内，得到了充足的学习，其书写、阅读能力便会自然产生。此时，父母可多选择读物，布置一个书香的居家环境，使孩子养成爱书写的好习惯，成为一个学识渊博的人。

文化敏感期（6 ～ 9 岁）

蒙台梭利指出幼儿对文化学习的兴趣，萌芽于 3 岁，但是到了六至九岁则出现探索事物的强烈要求，因此，这时孩子的心智就像一块肥沃的田地，准备接受大量的文化播种。成人可在此时提供丰富的文化资讯，以本土文化为基础，延伸至关怀世界的大胸怀。

（以上引自《蒙台梭利教育法》）

我们可以看到，3 ～ 4 岁的孩子除了“阅读敏感期”和“文化敏感期”还尚不够之外，其他的几个敏感期正是这个年龄的特点。因此我们也可以进行有针对性的训练，而关于孩子创造性的训练就可以基于这些敏感期的观点而展开。

当然，个别幼儿可能会提早进入阅读敏感期，也有一些孩子的敏感期较晚，这时候需要家长区别对待。

这个年龄段的孩子，可以多看一些有手工的书，例如《我四岁了》这本书中有很多和孩子一起找不同，贴纸、数数的游戏，很多孩子都特别喜欢。

当然，在培养孩子的创造性的同时，也要兼顾“社会规范”等的教育。

教幼儿认字

处于 3 ～ 4 岁的孩子一般都开始识字了，市面上也有一些专门针对这个年龄段的孩子的识字读本，父母可以选择字大好认的版本来教孩子识字，另外不要选择太过花哨的识字本，会让孩子的注意力不能集中在认字上面。

孩子的阅读跟识字是相辅相成的，所以父母最好能够把识字和阅读结合起来，而不

要单纯地为了让孩子识字而识字。比如说家长可以一边指着读本一边念故事，让孩子知道纸面上的文字和故事之间有一定的联系，并且是一一对应的关系，这样孩子就会对文字产生兴趣。父母也可以在孩子熟悉了故事情节之后，就让孩子来讲一遍，一般来说孩子会模仿家长的动作，一个一个指着念，这样孩子就在不知不觉间学会识字了！有的家长很不喜欢孩子用手指着念字的习惯，总是强迫孩子不要把手放在书上。其实，这个习惯会随着孩子年龄的增加而消失，家长不用特别在意这个。反倒是家长过于强调识字的身体姿势，会让孩子把注意力从识字、阅读和理解文意转移到其他方面，对孩子的智力成长都是不好的。

在孩子识字和听故事的过程中，家长切记不要心急，希望孩子能很快识字，或者要求孩子每个时间段都要学会 100 个生字等，因为孩子认字是有阶段性的。

另外，每个孩子都是不同的，有的孩子对字很敏感，他们听妈妈读书的时候就主动看字，时间长了自然就能“对号入座”；可有的孩子在听妈妈读书的时候，要么注意的是手边的其他东西，要么只看了图画，可能没有妈妈预想的那么配合，就要用识字卡等方式来加强一下。

家长注意的是，孩子识字的速读和效果是没有定量的，每个孩子的情况不同，家长切记不要为了展示“我的孩子 4 岁能读 1000 个字”而强迫孩子学习，那样就会破坏孩子学习的热情，坏的影响会持续孩子的整个学习阶段，是极其糟糕的。

识字的过程中，不要忘了让孩子得到快乐。

3～4岁幼儿注意力训练：飞上飞下

图中哪只昆虫飞得更高，是左上角的那只还是右下角的那只？

3～4 岁幼儿观察力训练：看进管子里

这个人是在管子的左边还是右边？

3～4 岁幼儿记忆力训练：异型魔方

复制并裁下所给出的 6 个图片。将它们重新组合成一个魔方，每一行、列都有 6 种不同的颜色。想要尝试更大的挑战吗？那就不要将图片裁下，尝试心算解题。

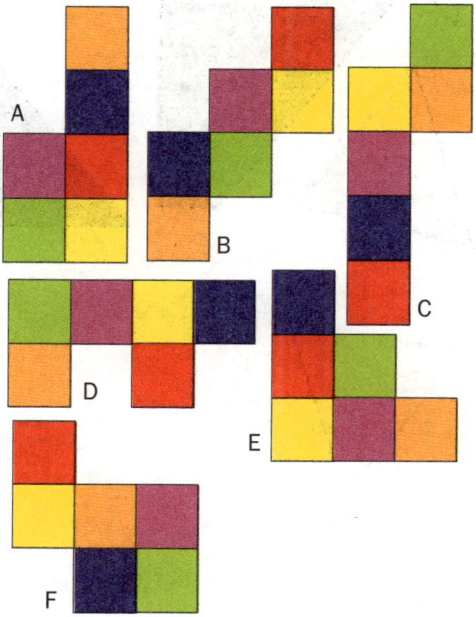

3 ~ 4 岁幼儿想象力训练：正方形变成星星

如图所示，一个正方形被分成了 6 部分。

把它们复制并剪下来，拼成一个规则的六角星。

家庭环境的支持

玩具

对孩子来说玩游戏就是最好的学习。玩具是孩子认识世界的一个重要途径，通过玩具能促进儿童身体精细动作和语言的发育，提高孩子的注意力、观察力以及认知能力，发展他们的想象力和思维能力，培养孩子之间相互友爱、爱护公物的良好品质，培养愉快的情绪和对美的感受力，刺激他们的视觉、听觉和触觉，增强求知欲和好奇心，促进儿童智力的发展。怎样为孩子准备玩具，帮助他们的智力发展，这是家长需要注意的。

三四岁的孩子开始有了形象思维，这时可用多种形象玩具帮助他认识事物，也可以用玩具做情节简单的游戏。

这个年龄的孩子发音正确，能用语言表达自己的思想感情，对感兴趣的东西好奇好问。好模仿，因此要给儿童准备户外运动的玩具，启发他进入角色，懂得上下、左右等反义词，能复述图画内容，选择能显示大小、快慢、长短、高矮等相反意义的玩教具或配对图片等。为孩子提供小动物玩具，交通玩具以及木制、布制玩具。让孩子学会说出玩具物体的名称、外形特征，借助玩具多看、多听、多说。借助玩具做一些模仿游戏、角色游戏，在游戏中发展孩子的语言能力、认知能力。

选择一些结构玩具，如积木，不同形状的厚板、三合板、胶泥、橡皮泥及一些废旧材料，让孩子进行一些结构游戏，利用这些材料造房子、搭大桥、建火车、塑动物、做桌椅等，进行创造性游戏，发展孩子的创造力和想象力。

数数器、形盒、简易拼图是这个阶段应有的玩具，市面上也很常见，容易买到。还有下列的玩具可供参考：

1. 园林用具：橡胶桶、锄、铲、喷水壶；

2. 手工用具：圆头剪刀、胶水、废旧图书、报纸；

3. 泥工用具：橡皮泥；

4. 绘画用具：蜡笔、水彩笔、各种颜色的电光纸；

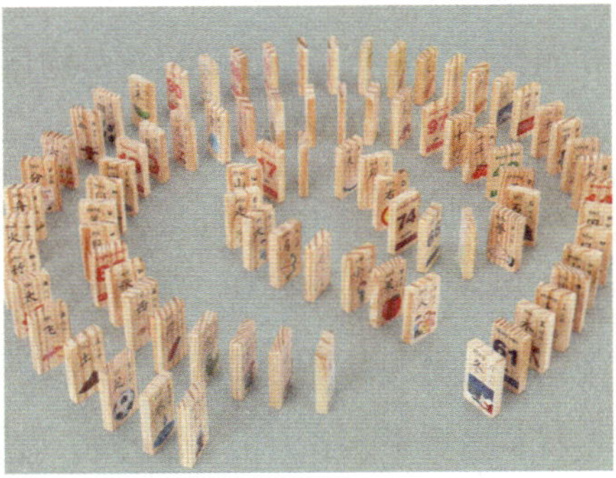

5. 音乐用具：铃鼓、小沙锤、收录机，有条件的可以从这个时候开始学习乐器；

6. 运动玩具：球；

7. 多米诺骨牌。

另外也可以鼓励孩

子骑童车。童车是孩子的最好玩具之一，既可以锻炼身体，又可使手、眼、脚的动作协调一致，掌握平衡和控制的能力。

每位家长还可以根据自己的条件来选择玩具，不过选择的时候要注意，最好不要选过于成人化的玩具，另外不要选择味道很大的塑胶玩具，会对孩子的身体不好。

满足好奇心

三四岁正是对自然界与社会现象产生强烈好奇心的年龄。如果语言能力逐渐发展，他们对新的、特殊的语言就会感到好奇。如果手脚愈来愈灵活，对破坏或组合的东西也非常热衷。另外，他们会不停地发问。比如，住在自然环境较好的孩子，就会对植物和昆虫产生好奇，问这是什么那是什么；而居住在工地附近的孩子，可能就会对混凝土、搅拌器、起重机等感到好奇，只问相关的问题。

令家长头痛的是，大多数的孩子常有弄坏闹钟、窥探电视机内部、移动厨房用具的情形发生。此外，由于好奇心的驱使，很多四岁儿童会收藏一些破铜烂铁，然后骄傲地拿回家向家人炫耀，或是带到幼儿园给老师和小朋友看。而在幼儿园里感觉比较新奇的东西，也会偷偷放进口袋带回家。 很多大人不喜欢孩子有太强烈的好奇心，殊不知“好奇心”是孩子长知识很重要的基础之一。对任何事物都没有好奇心或兴趣的孩子，反倒是值得担忧。

如何培养和保护孩子的好奇心呢？这里有一些方法家长可以参考：

带宝宝一起外出散步时，爸妈可以表现出对一草一木，太阳星星及其他事物的兴趣和探索愿望；如果宝宝喜欢音乐，就常常放给他听，和他一起玩乐器；如果宝宝对昆虫感兴趣，就陪他一起捉、养昆虫。如果孩子总是喜欢问这问那，而家长又不太能用科学的解释打发孩子，最好不要粗暴地制止孩子问问题，而是鼓励孩子想办法去寻找答案。比如说孩子问“我是从哪里来的”，爸爸妈妈不要支支吾吾地不做回答，如果有动物世界的节目，可以和孩子一起看动物的交配繁殖理解这个问题。另外家长可以多问问孩子的感觉：“你觉得怎么样……”“幼儿园里今天发生了什么事？”此类开放式的提问能够让宝宝表达自己的想法，展现他的爱好和兴趣。还可以通过装饰孩子的房间，多增添一些艺术品，来激发孩子的欣赏能力和思考能力。如果孩子喜欢把玩具到处乱扔，或者做一些影响整洁的游戏，家长最好不要因此而制止他，给孩子建一个游戏角，让他在“自己的区域里”自由玩耍，也有利于保护他的好奇心。

这个阶段重要的是语言发展，动作发展，会玩，有好奇心，喜欢活动。至于能不能做得很好，是否能弹一首钢琴曲等，并不是最重要的，家长不要本末倒置。

让孩子帮忙

我们从小所受的教育是“劳动最光荣”，其实劳动不仅带来荣誉感和成就感，对小孩而言能帮助他们训练平衡感、合作精神、统筹能力、锻炼身体等，可谓一举多得。

三四岁的宝宝虽小，但他们也具备帮忙做家务的能力了，有些事情家长可以放心地交给他们。例如给室内养的花卉浇水，用餐前擦桌子，摆放小勺、杯子，用餐完毕之后收拾桌子，整理衣物等。家长让孩子帮忙的时候，忌没有耐心，见孩子做得不好就干脆自己做；也不要对他说："你自己去玩吧，不要给我添乱。"这样的话，对孩子的积极性和自信心都不好。

蒙台梭利潜能开发游戏

滚球

【目的】帮助宝宝掌握滚球的基本技能，锻炼手的肌肉和身体的协调能力。

【玩法】在天气好的时候，妈妈可以和宝宝一起到户外，妈妈用砖垒成一个小球门，告诉宝宝："把球滚进球门里去！"还可以指定其他方向让他滚，如"把球滚到大树那里去！"

打夯

【目的】练习双脚原地向上跳，发展弹跳力。

【玩法】爸爸和宝宝面对面站立，宝宝双手在头上相握。爸爸拉紧宝宝的双手，一边唱着打夯的号子："我们打起夯——哟，嗨—嗨—唷——啊！"一边按节奏把宝宝提起、放下。要求宝宝能顺势向上跳起，落下时前脚掌着地并屈膝。

投沙包

【目的】练习投掷动作，发展宝宝的上肢力量，培养动作协调性。

【玩法】用花布缝几个小袋，内装些米、豆子或沙子做成沙包。让宝宝拿在手里，胳膊屈肘上举用力向前投出。家长可先做示范投掷动作让宝宝跟着学，比赛看谁投得远。

以字连词

【目的】启发宝宝的联想能力，练习使用名词。

【玩法】由爸爸妈妈或爷爷奶奶说出一个简单的字，然后让宝宝说出和这个字相连的词，说得越多越好。如爸爸说出“花”字，可以让宝宝联想说出：花篮、花环、鲜花、花坛、花布、花手绢、花边、花蝴蝶、花盆、花架、玫瑰花……照以上的玩法，还可以提出其他的字，让宝宝来连词。

第十六章
4 岁 ~ 5 岁的幼儿

能力发展与蒙台梭利训练

自理能力

四五岁的孩子能自己完成多少生活小事，完全是因父母的态度和教育方法而定的。一般来说，扣扣子、系鞋带、上厕所、洗脸、刷牙、洗手、在幼儿园自己领餐吃饭、看完书玩完玩具后放回原处、请教常见的长辈，这些事情 5 岁的孩子是可以做到的。有的家长说："我的宝宝才四岁多，这些还不会没关系吧。"孩子肯定不能在 5 岁的一夜之间什么都会了，任何事情都是慢慢训练出来的。

也因此很急性子的妈妈在孩子学习自理生活的时候，就显示出来了性格的弊端，反而是那种有点儿漫不经心，不太着急的性格的父母，他们的孩子更容易学会新动作、自己照顾生活。这是因为，脾气火爆或者心急的妈妈，看到孩子扣个扣子也要半天时间，不如自己 3 秒钟帮他弄好算了。这样求急是孩子成长中的大忌，妈妈虽然暂时省心了，但从长远地看，对孩子学习新事物是很不利的。

除了克制自己的脾气之外，家长还要起好很好的带头作用，比如说饭前洗手，按时睡觉，经常微笑，乐观开朗等。孩子是模仿着父母长大的，从零岁到十八岁成人之前，父母任何时候都要尽量去树立正面的榜样作用。比如说爱看书的父母，通常能影响孩子爱看书；喜欢说脏话的父母，孩子的说话也不文明；经常吵架的父母，孩子的脾气比较古怪。父母无论何时都要明白，孩子正在看着你。

社会交往

四五岁的孩子通常都有自己的朋友了，可能是学校的同学，也可能是周围的小伙伴。如果孩子的社交能力差，主要体现在两方面：

在幼儿园里没有朋友

有的孩子进幼儿园两三个月了，但还是没有朋友，在班上总是孤零零一个人。通常这样的孩子多老实而又害羞，即使偶尔有

机会别人找他们玩，他们也会很紧张，不知道怎么办才好。也因此而错失了很多交朋友的机会。细心的妈妈们去幼儿园接小孩，就能看出他是否有朋友，如果总是孤零零一个人，妈妈们该怎么做呢？

首先想一想，是不是自己的家庭问题。上面我们说过，家庭不和谐的孩子，通常不愿意主动和别人认识，也总是不开心。如果真的有家庭问题，请年轻的父母们从孩子的角度来考虑应该如何对待。然后看看是不是自己平时对孩子的肯定和鼓励不够。自信心不足的孩子也不愿意认识新朋友，他们很胆小自卑，如果能在家里得到赞许和肯定，他们会显得自信一些。有的孩子可能在家里、生活的小区里面玩得很好，但是到了学校就像变了一个人一样，既不活泼也没有朋友，那么可能就不是自信心的问题，而是在学校有什么不愉快的事情发生。

只要孩子每天情绪很正常，也愿意到学校去，那么即使没有朋友也不是什么重要的事情。这里家长需要有判断力，即使老师叫过去说你的孩子不合群或者性格孤僻，但每天和他生活在一起没有觉得他有很明显的孤僻倾向，就不要干预孩子的生活。要知道，你建议他去交新朋友，他未必能做到。也许在我们看来很孤独的生活，在他看来还不错。只要让孩子懂得基本的礼貌，对人不会谎话连篇，他是可以交到自己认为不错的朋友的。

在生活的小区里没有朋友

很多人生活的小区有健身、休息的地方，在这里大人们可以聊天，孩子们也可以交到新朋友。如果你的孩子在有很多小孩的地方也没有人请他一起玩，或者是一开始玩了一会儿就不愿意和别人玩了，可能是因为孩子之间有矛盾，或者他让原本很快乐的游戏变得不顺利了。

有的妈妈很头痛，自己从来没有教过孩子打人、独占、不讲道理，但是自己的孩子在和别人玩的时候，总是发现孩子身上有这些不好的毛病。从大人的角度来说，这样的孩子是道德品质不好，让大人觉得很丢脸。但从孩子们看来，并没有那么严重，只是他们都没有找到合适的方式解决问题，于是执拗于坚持自己的意见。如果是小区的孩子和自己的孩子发生纠纷，父母们最好不要批评任何一方，而是从鼓励大家解决问题的角度来提一些建议，让孩子们自己解决。如果孩子头天还和小伙伴打架，第二天又去找他们玩，家长也不要笑话他没有骨气。

四五岁的孩子还很难有自觉性，主动谦让对他们来说有一定难度。所以家长在和他们商量和别人交换东西的时候，要鼓励孩子从对方的角度来思考问题。只要你的孩子不是脏话连篇、动手打人的那种，他们在正常的人际交往上面是没有太大问题的。如果家长自认为可以帮孩子交朋友，那么最好的办法是参与到孩子的游戏当中，或者给孩子们讲故事，成为他们的一员，而不是做他们的审判长。

创造能力

在美国学者的研究中，创造性儿童特征主要有：

1. 常常专心致志地倾听别人讲话，爱细致地观看东西；

2. 爱寻根究底地弄清事物的来龙去脉，有较强的好奇心；

3. 说话或作文时，常常使用类比和推断；

4. 能较好地掌握阅读、书写和描绘事物的技能；

5. 喜欢对权威性的观点提出疑问；

6. 常常能从乍一看互不相干的事物中找出相互间的联系；

7. 喜欢对事物的结果进行预测，并努力去证明自己预测的准确性；

8. 常常自觉或不自觉地运用实验手段进行研究；

9. 常常将已知的事物和学到的理论重新进行概括；

10. 喜欢寻找所有的可能性，如解题时爱提出多种办法；

11. 即使在干扰严重的环境中，仍能埋头自己的研究，不太注意时间；

12. 喜欢自己决定学习或研究的课题。

当然，我们不能仅以某一方面的测定来确定儿童的创造性，但6岁以前确实是培养孩子创造能力的黄金阶段。许多儿童教育领域的研究者通过对学前儿童的绘画音乐、故事、手工以及发散性思维测验等的分析，研究幼儿创造力的萌芽表现和发展特点。例如给幼儿若干积木、木偶和常见工具，让孩子们建造尽可能多的东西、做尽可能多的事情。他们认为3～5岁是创造性倾向发展较高时期，5岁以后是下降趋势。

影响孩子的创造性的因素有很多，主要来说包括社会环境因素、学校教育方式、家庭教育方式和孩子自己的性格。科学家是最具有创造性的一群人，很多人研究历史上有杰出成就的科学家的成长，发现他们在家中有较多的独立自主性。他们的父母对自己的孩子有充分的信任和尊重，从小就给他们探索的自由，并对他们早期表现的兴趣给予引导和鼓励。生活在民主、自由的家庭中的儿童，独立性强、创造力水平也较高。生活在专制、支配、娇惯家庭中的儿童，依赖性强或惯于服从，创造力水平低。

更有学者强调，父子关系与儿童创造力水平高低有较高的正相关，创造力高的儿童同父亲接触较多。也就是说，得到父亲关爱足够多的孩子，他们的创造性更强一些。

4 ～ 5 岁幼儿注意力训练：卡罗尔的迷宫

如图所示，从迷宫中心的菱形开始，你能否走出这个迷宫？

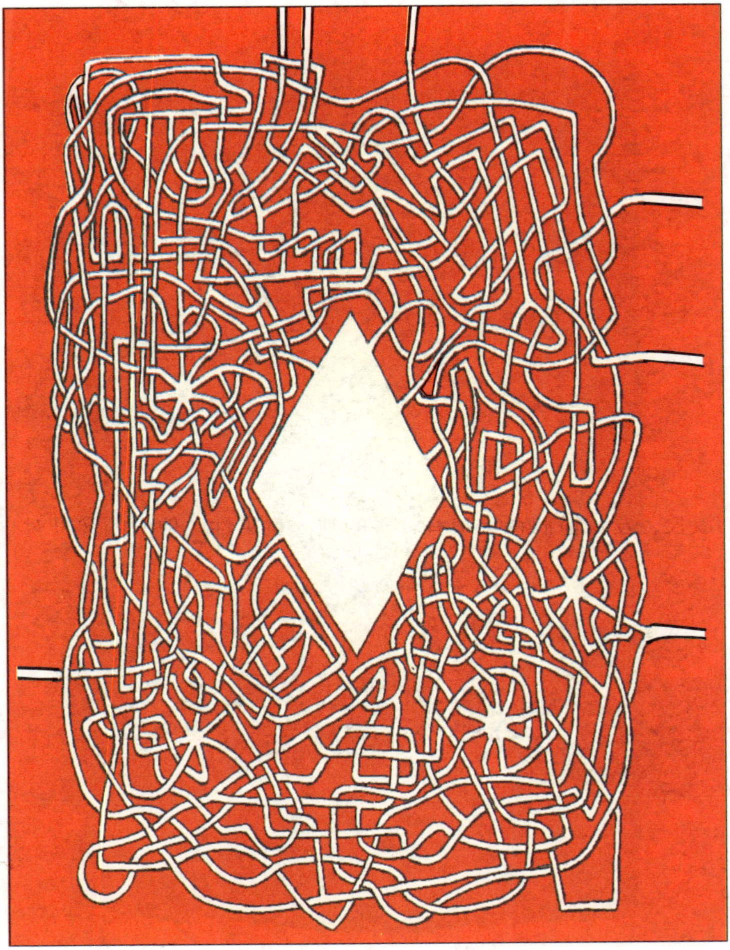

4 ~ 5 岁幼儿观察力训练：找面具

在下面的一组面具中有一个带有生气表情的面具，看看你多久能够找出来。

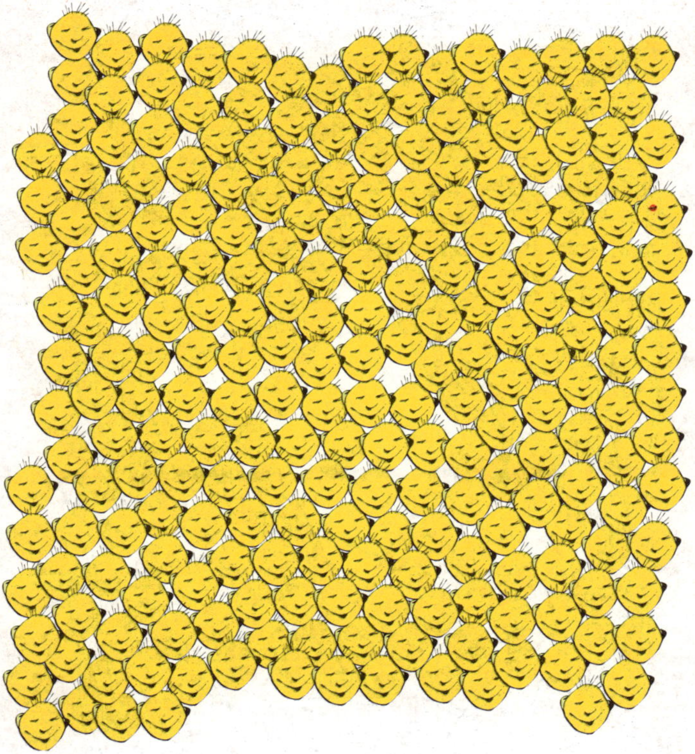

4 ~ 5 岁幼儿记忆力训练：图案速配

试试看，用最快的速度从下一页上分别找出与本页的 30 幅图完全相同的图案。

1	2	3	4	5
6	7	8	9	10
11	12	13	14	15
16	17	18	19	20
21	22	23	24	25
26	27	28	29	30

4 ~ 5 岁幼儿想象力训练：象形的七巧板

这一页上的所有图形都是用七巧板拼起来的。你可以解决这些难题吗？

家庭环境的支持

玩具

儿童玩具是专供幼儿游戏使用的物品。玩具是儿童把想象、思维等心理过程转向行为的支柱。儿童玩具能发展运动能力，训练知觉，激发想象，唤起好奇心，为儿童身心发展提供了物质条件。适合 4 ~ 5 岁宝宝的玩具分为以下几类：

1. 发展小肌肉系统，完善各种动作的协调性、准确性和灵活性的玩具：各种球类，羽毛球、乒乓球、毽子、跳绳、自行车等。

2. 能够丰富宝宝的生活经验、培养各种技巧、发展宝宝智力的玩具：玩娃娃家的各种用具，小锅、小碗、小家具，木工玩具；各种交通和运输工具，大卡车、消防车、警车等；各种组装玩具，积木，建筑模型，七巧板等；各种棋类，如跳棋、五子棋等。

3. 激发宝宝数学兴趣和科学爱好的玩具：计算器、学习机、电脑、遥控汽车等。

4. 培养兴趣、陶冶性情、发展审美能力的玩具：电子琴、铃鼓、木琴等。

和孩子一起读书

5 岁的孩子要不要上学读书是现在很多家长疑惑的问题，因为有的家长常年上班，没有时间带孩子，还不如把孩子交到学校，让老师帮忙教育。有的地方 5 岁的小孩就入学了，其实 5 岁入学还有点儿早。

那么孩子在家学习，应该读一些什么样的书呢？很多家长以为，那些有学问的人都是从小就饱读诗书、对传统经典倒背如流、对中外名著都了如指掌的人。因此让孩子读经，或者买一堆儿童必读书之类的经典放在家里让孩子自己读。其实，读经是可以的，问题是选择什么样的版本，而经典名著对5岁的孩子来说，则有点儿太早了。

比如给孩子选择《三字经》《千字文》《百家姓》这样的读本时，哪些才是适合儿童的呢？很多人想当然地以为，颜色最鲜艳，里面的卡通人物画的最可爱的，也就最适合孩子来读，或者选择那种字号很大，标注了拼音的版本。另外还有一些版本有专门的版块来介绍经文背后的故事，让孩子明白做人的道理等。那么我们来看看一位师范大学中文系毕业的妈妈是怎么选择的。

这位妈妈觉得，如果让孩子读经，不要读那种花里胡哨的版本，因为经文本身就有很丰富的内涵，如果为了吸引眼球画上很多不需要的信息，只会分散孩子的注意力。同时，我国的蒙学经典也有几百年的历史了，在传抄的过程中不免会有失散，也会有一些后人增删的东西。是不是要读新中国时期的版本，还是读最初的版本，这些她也都慎重考虑了。最后她还是选择了比较接近原版的版本，后来的国学大师章炳麟曾经专门为《三字经》续后，但还是古老的版本比较有原汁原味。

版本选定之后，妈妈再考虑字体、字号等问题。最后她自己从字库里面找了正楷毛笔字，按照《三字经》的顺序合定成一本书，让孩子在读经的过程中，也充分欣赏汉字的书法之美。

相信很多人都会说，我自己没有这位妈妈的水平，那怎么选择版本呢？如果是图画书，可以选择一些绘画的风格完全不一样的读本，例如《猜猜我有多爱你》和《大卫上学去》就是风格迥异的，现在《不一样的卡梅拉》很火，但除了这一系列之外，还有《可爱的鼠小弟》等丰富的读本。孩子读绘本很快，也可以反复读，将来还可以给别的孩子读，所以妈妈们可以多选择一些。

读绘本的时候，家长要和孩子一起读，有一本专门讲给孩子朗读的书，叫作《朗读手册》，家长们可以借来看一看里面的教育思想和具体的做法。这本书的开头有一句话很动人：你或许有无限的财富，一箱箱的珠宝与一柜柜的黄金。但你永远不会比我富有——我有一位读书给我听的妈妈。的确，对孩子来说，有一位会读书的妈妈，也就意味着有了智慧的启蒙师了。

如果是选择国学传统经典，最好不要选择拼音、注释和故事很多的那种，只是为了让孩子从小记住，将来长大了再慢慢体会其中的道理的话，可以选择简洁、容易辨认的版本。

孩子上学前必须写字吗

在上小学前就会写字的孩子已经很多了，他们不仅认识简单的汉字，也认得数字。家长不要错误地认为这是教育有方的“成绩”，孩子认字完全是靠自己的记忆力和思维来完成的，家长只是提前给他一个认字的环境而已，所以不会认字的孩子也没有必要被看成是“笨小孩”，如果他们处于相同的环境，也可以认字的。

其实，教孩子认字完全可以自然而然地进行，我们生活的世界总是被文字和符号包围，广告、公交站牌、地图、报纸、电视上都会有字，孩子看的画册上也会有字，如果爸爸妈妈在平时的生活中喜欢读书看报，孩子很容易就形成认字的意识。有的妈妈会惊讶怎么孩子可以认识比她想得多的字，这里的奥妙就在于，孩子观察了生活。

但是有的家长为了进行“早教”，买了很多字帖、笔画拆开的练习册，让孩子一个一个认。还是和前面提到的那样，如果认字和阅读、理解完全脱节，效果就难以理想了。单纯的认字就像我们凭空记单词一样，是很难记住的，但是要和故事结合起来，就会容易很多了。

认字之后要不要学会写呢？答案是没有必要。写字比认字又要难很多，家长不要急功近利，破坏了孩子的积极性。在很多英语国家中，孩子都是先会说，会用之后，再去认识音标、学习写单词的，这与我们对语言的认知是相同的。鼓励孩子认识和会用，比会写更重要。

亲子游戏

很多父母在家和孩子大眼瞪小眼，感到无事可做。有的父母想要和孩子做游戏，但是又不知道做什么好。值得庆幸的是，有细心人专门整理了父母和幼儿做游戏的亲子游戏书，爸爸妈妈可以去购买专门讲做游戏的书回家自己学。不过，在购买的时候要注意一下操作性，随手看看里面的内容，我们在家能不能做到，有没有条件。因为有的外国引进过来的游戏书，有一些器材在我们这里不容易找到。最好是选择那种能够在家里很容易做到的游戏书。这里也可以介绍一两个培养孩子能力的小游戏。

培养孩子的反应速度

爸爸妈妈和孩子站成一排，两个人玩就战成面对面，然后轮流喊口令。比如“大西瓜”“小西瓜”“苹果”“菠萝”等，让对方根据自己喊出来的口令比划出形状和大小。这里要注意的是，不要喊“梨”“番茄”这种大小差不多的水果，也不要喊“香蕉”这样的形状不规则的水果。看看孩子的反应能力。这样玩了一组之后，还可以换过来玩反着做的游戏，这时只能喊几组，比如喊“大西瓜”，对方就要做“小西瓜”的动作，对方喊“向左走”，小孩就要做“向右走”的动作，训练孩子的逆向思维和迅速反应的能力。

培养孩子的运算能力

有的 5 岁小孩已经能简单的加减法了，为了训练孩子算数的能力，可以在玩“捉狼”的游戏时，运用上简单的数学加减法。例如，一个人被狼抓到了，狼要出一个题：“3+2”，被抓到的人马上说出“5”，就可以继续逃跑。

这里只是列举，还有很多的游戏，等待着父母去创造和发现。

蒙台梭利潜能开发游戏

踩老鼠

【目的】训练宝宝的奔跑能力，培养宝宝动作的敏捷性。

【玩法】找一只旧袜子，里面塞满棉花或碎布头，用绳子将袜口扎紧做“老鼠”，家长牵着“老鼠”跑，宝宝追，踩住袜子就算逮到了“老鼠”。注意，做这个游戏的时候一定要注意安全，不要摔倒宝宝。

猜猜什么声音

【目的】增强宝宝对不同声音的敏感性并训练他的集中注意力。

【玩法】家长指给宝宝看他平时常用的不同物件，然后请宝宝闭上双眼，或者转过身去，或者蒙上眼睛，然后请他仔细地去听，并且猜猜家长发出的是什么声音。家长可以躲在椅子后面，然后发出不同的声音，如拍球、打蛋器之声、上钟表发条声、打字、玩一种乐器、订书机的声音、用剪刀剪布或剪纸、撕报纸等。

自己的天空

【目的】让宝宝感受作画的乐趣，提高宝宝的想象力和创造力。

【玩法】准备一面涂鸦墙（可以在房间墙面上贴上一张较大的纸，最好比人高）让宝宝在涂鸦墙上自由彩绘，还可以贴上生活照。同时也要让宝宝知道，唯有这片墙才是他能自由发挥的天地。每隔一段时间，家长可以把宝宝挥洒的墙面画取下，记录好日期和他表达的意思，收存在宝宝专用的柜子里，等他稍大之后取出来欣赏，一定别有一番滋味哦！

谁躲起来了

【目的】培养宝宝的注意力和记忆能力。

【玩法】准备若干个不同的玩具或物品，一块布。游戏开始时，爸爸（妈妈）说："今天我们家来了很多客人。"然后介绍："小兔妹妹，积木宝宝"等（一开始时放的物品稍微少点儿，可以3 ~ 5个），接着说："待会儿，这些客人要和你做捉迷藏的游戏，你要记住他们是谁。"让宝宝多看一会儿，然后用布把"客人"盖起来。让宝宝想想有哪些客人，想出一个让一个客人出来。等到这个游戏玩熟了以后，可以不用布让宝宝闭起眼睛，拿走一个物品，让宝宝猜猜谁躲起来了。

巧巧对

【目的】提高宝宝辨别图形、数量的能力和记忆力。

【玩法】将空白纸裁成大小相同的卡片数张，每两张卡片上画的图形的形状和数量都相同。由家长随意取出一张卡片，让宝宝说出它的数量与图形，等宝宝能够辨识每一张卡片以后将卡片正面朝下，任意排列在桌上，让宝宝随意翻开两张卡片。如果两张卡片上的图形与数量都一样，则拿到一旁；如果两张不同，把卡片返回原来的位置，直到所有的卡片都配成对为止。家长可以根据宝宝的能力增减卡片的组数。

默契大考验

【目的】加强宝宝辨别形状的能力，增进和宝宝的感情。

【玩法】准备若干形状、大小不等的积木，将积木分为两组（两组各有相同的大小及形状的积木），家长和宝宝各一组。游戏开始时，家长和宝宝分别闭上眼睛各自选取一块积木，握在手心，由宝宝发号施令："一、二、三，张开眼睛！"然后打开手心，看看彼此所拿的积木是否相同。若相同则拿出来放在一旁，直到所有积木都拿走后结束游戏，进入下一轮。